Mathias Jung

Dornröschen

Vom Schlaf des Mädchens
und dem Erwachen als Frau

Eine tiefenpsychologische
Interpretation

die
gelbe
reihe

ISBN 3-89189-122-9
1. Auflage 2005
Umschlaggestaltung: Martin Gutjahr-Jung
Umschlagfoto: Martin Gutjahr-Jung
Zeichnungen: Reiner Taudien
Gesamtherstellung: Kösel, Krugzell
© 2005 by emu Verlags- und Vertriebs-GmbH,
Lahnstein
Alle Rechte, auch die des auszugsweisen Nachdrucks, der fotomechanischen Wiedergabe und der Übersetzung vorbehalten.

Inhalt

Leben mit Dornröschen? . . 7
Das Märchen 23
Das Paar und sein Frosch . . 35
Gute und böse Feen
am Lebensweg 51
Die Überbehütung 69
Die verborgene Kammer
der Sexualität 85
Der lange Schlaf 99
Die Dornenhecke:
Abwehr und Widerstand . . 123
Erwachen:
Ein Prinz allein tut es nicht 137

Leben mit Dornröschen

Es ging aber die Sage in dem Land von dem schönen schlafenden Dornröschen, denn so ward die Königstochter genannt, also dass von Zeit zu Zeit Königssöhne kamen und durch die Hecke in das Schloss dringen wollten. Es war ihnen aber nicht möglich, denn die Dornen, als hätten sie Hände, hielten fest zusammen, und die Jünglinge blieben darin hängen, konnten sich nicht wieder losmachen und starben eines jämmerlichen Todes.

Das Märchen *Dornröschen* scheint Lichtjahre von der Stimmungslage heutiger Frauen und Männer entfernt zu sein. Welches Mädchen, welche junge Frau kennt heute noch eine Spindel, geschweige denn, dass sie sich daran sticht? Welches Mädchen verkriecht sich hinter

einer Dornenhecke? Welcher junge Mann, cool und mit postmodernem Outfit, wird denn noch die Mühe auf sich nehmen, sich für ein so kompliziertes Frauenzimmer durch die Hecke ihrer Abwehr durchzuquälen und sich dabei blutige Schrammen zu holen? Und ist es nicht geradezu absurd für eine moderne Frau, die Erlösung aus ihrer verfahrenen Situation ausgerechnet durch den Kuss eines Mannes zu erhoffen? Nein, diese verstaubte Geschichte aus der Rumpelkammer der Gebrüder Grimm scheint alles andere als up to date. Sie wirkt anachronistisch und unemanzipiert. Welche aufgeklärte junge Frau möchte denn ihr Leben verschlafen und auf einen Prinzen warten? Und welcher Mann, bitteschön, möchte allen Ernstes mit einem Dornröschen leben?

Schauen wir genauer hin. Märchen sind so zeitlos und für unseren Seelenhaushalt wichtig, weil sie uns dabei helfen, den Schatten, die Ängste und dunklen Seiten unseres Ich zu verstehen und damit zurechtzukommen, gleichzeitig aber auch etwas über die seelischen Unterwelten des anderen Geschlechtes zu erfahren.

Michael (Name wie alle folgenden geändert) schrieb mir zum Dornröschen-Komplex einen erschütternden Brief, nachdem wir uns einmal eher beiläufig über dieses Thema unterhalten hatten. Michael, mittlerweile ein gestandener, tüchtiger und warmherziger Facharzt schreibt: „Du hast mit dem Thema ‚Dornröschen' in mir eine Lawine an Gedanken ausgelöst und Erinnerungen wachgerufen. Diese junge Frau im Schloss hinter einer Dornenhecke weckt in mir ‚erlebte' Gefühle." Zunächst einmal erinnert sich Michael an das kindliche Gefühl, selbst in Dornen gesessen zu haben. Das ist, wie wir auch im Märchen sehen werden, durchaus ein Erleben gegensätzlicher und widersprüchlicher Gefühle.

Michael: „Als ich fünf Jahre alt war, zogen wir in ein neu erschlossenes Siedlungsgebiet. Am Ende der Straße begann ein Wald mit jungen Birken und Eichen, der nicht mehr bewirtschaftet wurde. Das Unterholz bestand vor allem aus dichten Büschen von wilden Rosen, Himbeeren und Brombeeren. Meine Nachbarskinder und ich spielten dort häufig und sehr gerne. In jeder Straße bildeten die Kinder eine Gruppe, und natürlich wurden Fehden mit Hagebutten in der Zwille – Steine waren verboten und galten als unehrenhaft – ausgetragen."

Die Dornenhecken boten Schutz und bereiteten Schmerz: „Das Gefühl in einer solchen Dornenhecke war ambivalent. Wenn man sich hineinbegab, bot sie Schutz vor den Angreifern. Gleichzeitig wuchs die Angst, nicht mehr hinauszukommen. Der schmerzhafte Weg durch Dornen, verhakt in Hemd, Hose und Pullover gebot höchste Aufmerksamkeit. Wespen, Bienen und Spinnen hausten in den wehrhaften Sträuchern und gestatteten nur langsames Vorwärtskommen. Ein Spielkamerad büßte ein Auge ein, weil ein Dornenzweig zurückschlug. Der Gang durch die Dornen war Kampf mit einem selbst, Mutprobe und Flucht vor den Angreifern zugleich. Die Gefühle von Stolz, Sicherheit (hier kann mir jetzt nichts mehr passieren), Beklemmung und Angst ergaben eine aufregende und auch begehrte Mischung, in der das positive Empfinden überwog."

Manchmal suchen und finden wir offensichtlich auch in einem Menschen so eine Art Dornenhecke. Warum wir uns auf dieses Leid einlassen, welche verborgenen Minderwertigkeitskomplexe und Sehnsüchte uns dazu motivieren, das schlüsselt Michael psychologisch filigran auf. Michael: „Meine erste Frau war ein ‚Dornröschen'. Stephanie wuchs in einem Haushalt mit geregeltem Leben auf. Die Mutter brauchte bzw. durfte nicht arbeiten. Der Vater verdiente gut in einem geregelten Job. Die Großeltern führten Haushalt und Garten. Die Mutter ging der Erziehung ihrer Tochter nach und der Beaufsichtigung ihrer Handarbeiten. Arbeiten im Haushalt gab es nicht für die Tochter. Sie wurde ‚tugendhaft' erzogen, hatte kaum Kontakt mit gleichaltrigen Mädchen bzw. Frauen und verbrachte ihre Zeit mit Schularbeiten, Handarbeiten und dem Lesen von Kitschromanen. Für mich war diese Welt so unvergleichlich traumhaft schön und versprach so viel Ruhe. Diese Frau war die Prinzessin, die ich erobern wollte. Meinen Eltern imponierte das Tugendhafte an Stephanie. Die oder keine!"

Michael selbst war ein angepasster, bienenfleißiger und lieber Junge. „Ich selbst war gewohnt, Arbeiten im Haus zu erledigen: Rasen mähen,

Auto waschen, Schuhe putzen, Tisch decken, die Straße kehren, Wäsche aufhängen und Betten machen. Die anderen Arbeiten erledigten meine Geschwister, als sie noch im Hause lebten."

Das nach außen hin glatte Leben in Michaels Familie war in Wahrheit jedoch massiv gestört. Die Schwester wurde alkohol-, der Bruder drogenabhängig. Der hilflose, überarbeitete Vater neigte zu Gewaltausbrüchen und verprügelte die älteren Geschwister. Die Mutter war unglücklich. Kein Wunder, dass Michael aus dieser dunklen Welt hinauswollte: „Stephanie verkörperte in meiner Vorstellung Königreich und Hofstaat. Außerdem war sie schön, mit ihren langen, leicht gewellten dunkelblonden Haaren, ihren grünen Augen, den zarten Händen, an denen keinerlei Zeichen von Arbeit erkennbar waren." Einen reifen Mann hätte das vielleicht eher stutzig gemacht – für das Aschenputtel Michael waren die Hände seiner Prinzessin ein Gedicht: „Außerdem war Stephanie lustig und geistreich, so empfand ich es. Sie hatte mehr Zeit zum Lesen als ich. Ich war froh, wenn ich die Schularbeiten schaffte und für Klassenarbeiten lernen konnte."

Widerstand verstärkt die Liebe: „Also kämpfte ich mich durch die Dornen. Stephanie war nicht leicht zu erobern. Wir gingen in dieselbe Klasse. Ihr Vater achtete penibel darauf, dass ich ein guter Schüler war, also lernte ich wie noch nie zuvor. Ich sah sie zwei Mal in der Woche und fuhr mit dem Bus zu ihr. In der Schule sahen wir uns täglich und spielten in den Freistunden Schach, natürlich ließ ich sie gewinnen. Oder wir gingen spazieren."

Der arme Prinz Michael lud sich über Jahre hinweg bei seiner Werbung um das preziöse Dornröschen große Lasten auf die Schulter: „Dieses ambivalente Gefühl zwischen Sicherheit und Angst zu versagen war ein ähnliches Gefühl wie damals in den Dornen. Es war auch ein Kampf gegen meine Natur. Ich wollte Stephanie erobern und mit ihr schlafen. Leider war mein Bemühen nicht von Erfolg gekrönt, ich blieb in den Dornen immer wieder stecken. Sogar mein Abitur wurde als Grund herangezogen, mich abzulehnen – es war nicht gut genug. Ich war nur der Fünftbeste. Ich hatte einen Notendurchschnitt von 2,0 und hätte sechs Jahre auf einen Studienplatz warten müssen. Das war

Grund genug für Stephanies Vater, ihr den Umgang mit mir zu verbieten. Wohlgemerkt: Wir waren beide volljährig.

Ich entschied mich für ein Auslandsstudium und kämpfte eifrig weiter. Ein Studentenleben existierte für mich nicht wirklich. Ich lernte die fremde Sprache und arbeitete mich durch das Grundstudium. Auch in diesem Studium hatte ich wieder das Dornenhecken-Gefühl, nun auch noch ergänzt durch ein Gefühl von Hilflosigkeit: Die Durchfallquote in meinem Studienfach lag bei zirka neunzig Prozent. Die paar Mal, die ich in den anderthalb Jahren mit Freunden in die Kneipe oder ins Kino gegangen bin, kann ich an zwei Händen abzählen. Immerhin konnte ich mich in der Zeit mit zwei Opernbesuchen trösten."

Schließlich erhielt Michael unter Umgehung des Numerus clausus an einer deutschen Universität einen Studienplatz. Als angehender Akademiker wurde er für den Schwiegervater wieder interessant. Aber die Liebe blieb eine Quälerei: „Schon als ich im Ausland studierte, durfte ich meine ‚Prinzessin' wiedersehen. Sie durfte mich dort in anderthalb Jahren zwei Mal besuchen, und wir fuhren ein Mal mit meinen Eltern zusammen in den Urlaub. Dort achteten meine Eltern darauf, dass ich auch im Urlaub für das Studium lernte. Heimlich las ich Hesses *Unterm Rad* und fühlte mich in etwa erkannt." Hesses Roman handelt, basierend auf seinen eigenen schlimmen Jugendjahren, von der Einsamkeit und Demütigung des Schülers Hans Giebenrath in einer lieblosen Umgebung...

Natürlich waren es auch Jahre voller sexueller Not: „An der deutschen Universität ging es in demselben Stil weiter wie im Ausland. Studentenzeit – was ist das? Für Eigenreflexion, für Feiern, für das Leben und für Frauen hatte ich keine Zeit und auch keinen Sinn. Meine Prinzessin wollte erobert sein. Die Hecke musste durchdrungen werden! Immerhin durften wir in den fünf Jahren zwei Mal zusammen in den Urlaub fahren – auf getrennte Zimmer achtete Stephanie schon selber. Im Übrigen möchte ich erwähnen, dass ich nicht klage, nur feststelle, da ich es zugelassen habe. Ärger habe ich auch damals nicht empfunden, eventuell Trauer, dieses merkwürdige Dornenhecken-Gefühl der Kindheit."

Vergeblich rackerte Michael um Stephanie. Sie blieb eine dornige Prinzessin mit schönen Händen, die keine harte Arbeit kannten. Er bestand als der Beste des Jahrganges seine Prüfung mit „sehr gut". Das hatte es seit acht Jahren nicht mehr gegeben. Die Professoren und der Dekan der medizinischen Fakultät gratulierten. Michael wurden gleich zwei Stellen als wissenschaftlicher Mitarbeiter angeboten. Es hätte ihm eine wissenschaftliche Laufbahn und eine Professur ermöglicht. Doch: „Heiraten durfte ich nur, wenn ich bereit war, die Praxis meines Vaters zu übernehmen. Das versprach Geld."

Der Rest hat mit Dornröschen nichts mehr zu tun. Oder vielleicht doch? Denn heute ist Michael glücklicher als je zuvor. Nach sechzehn Jahren Beziehung mit Stephanie fand er die Kraft, sich von ihr zu trennen. Es war ein schwerer Weg. Michael verzagte nicht und suchte acht Jahre lang nach einer Rose ohne Dornen, in tiefer Auseinandersetzung mit sich selbst.

Michael: „Das Durchdringen der Dornen ist auch ein Kampf mit mir selbst. Ich bin nicht stehen geblieben. Ich bin nicht in den Dornen gescheitert. Aber es gab keine Prinzessin mehr. Eine echte Partnerin wollte ich finden. Eine Frau, die ich lieben kann, die mich liebt, mit der ich leben kann – Leben heißt sich entwickeln – und die mit mir leben kann, ohne dass wir uns gegenseitig zwingen müssen. Eine Frau, die mit mir schläft, weil sie es gerne tut, und nicht, weil es eheliche Pflicht ist. Dazu war der Kampf mit mir selbst nötig. Das ‚Erkenne dich selbst' zu praktizieren, wie es am Apollon-Tempel in Delphi steht. Ich musste alte inadäquate Verhaltensmuster lösen. Ich musste lernen, zu eigenen Gedanken und eigenem Handeln zu stehen, die Konfrontation zu wagen. Akzeptieren, mir Feinde zu machen, aber auch dafür umso intensiver Freunde geschenkt zu bekommen."

„Irrend lernt man", schrieb Goethe 1814 an seinen Sohn August. Genau das tat Michael: „Dann, als ich endlich reif genug war, wie offensichtlich der junge Prinz im Märchen, hob sich die Hecke von selbst auf und ich fand die Frau, die alle Tugenden besaß, die für mich wichtig waren. Das Glück ist unfassbar, und wir feierten die Hochzeit in vollem Glanz, wie du weißt."

Was ist, so fragen wir, aus Stephanie geworden? Michael: „Sie sitzt noch immer in ihrem Schloss hinter der Dornenhecke und schläft ihren Schlaf. Vielleicht nicht mehr so ruhig, denn ihre Eltern sind verstorben und unser Sohn weckt sie immer wieder auf. Bis jetzt erfolglos. Meines Wissens hat sich auch kein Königssohn mehr um sie bemüht. So, das ist meine Dornröschen-Geschichte."

Michaels Geschichte endet für ihn glücklich. Genau das tut das Märchen auch. Wer möchte gänzlich ausschließen, dass Stephanie sich doch noch von der selbst gepflanzten Dornenhecke befreit? Immer wieder erlebe ich bei Klientinnen solche Aus- und Durchbrüche, selbst im vorgerückten Alter.

Susanne, die ich in einer meiner Selbsterfahrungsgruppen kennen lernte, war so eine Frau. Susanne hatte mit neunzehn Jahren die Oberstufe ihres Gymnasiums verlassen müssen, weil sie schwanger war. Das war in den bigotten Fünfzigerjahren noch ein gesellschaftlicher Skandal. Der Vater des Kindes, zu diesem Zeitpunkt Student, war noch unreif und den Aufgaben einer Ehe und Vaterschaft nicht gewachsen. Die Ehe zerbrach nach wenigen Jahren. Susanne wurde von ihrem Elternhaus nicht unterstützt – sie war ja die familiäre „Schande". Infolgedessen konnte sie keine universitäre Ausbildung ergreifen. Sie lernte Schreibmaschineschreiben und Steno und wurde Sekretärin. Sie schlug sich tapfer als allein erziehende Mutter mit ihrem kleinen Sohn durch und brachte ihn zu Studium und Staatsexamen. Innerlich war sie zutiefst verbittert. Sie traute keinem Mann mehr. Von Zeit zu Zeit hatte sie lockere Affären mit einem Mann, frei nach dem Aphorismus des österreichischen Dichters Karl Kraus (1874–1936): „Mit ihm schlafen ja, sagte sie, aber keine Intimitäten".

Durch das Erbe ihrer Eltern – eine Art unfreiwilliger Wiedergutmachung – konnte Susanne mit fünfundfünfzig Jahren ihr Arbeitsleben beenden. Mit den Männern hatte sie abgeschlossen. Und doch glimmte eine Sehnsucht nach Partnerschaft und gemeinsamem Lebensaufbruch in ihr. Aber ihr Widerstand gegen Hingabe und Liebe war lange Zeit stärker.

Mit neunundfünfzig Jahren bekam Susanne ein Mamma-Karzinom. Ihr wurde die rechte Brust abgenommen. Auf der Rehabilitationsklinik geriet Susanne in die tiefste Krise ihres Lebens. Sie fragte sich: „Wird der Krebs wiederkommen? Wofür lebe ich eigentlich? Soll das alles gewesen sein? Gibt es denn für mich keine Liebe in dieser Welt?" Susanne erkannte: „Ich muss etwas tun. Ich will nicht mehr allein bleiben. Ich möchte mich mit einem Menschen ernsthaft verbinden." Es hätte, wie sie meinte, auch die seelische und körperliche Liebe zu einer Frau sein können. Aber das Schicksal wollte es anders.

Susanne lernte bei einem Aquarellkurs an der Volkshochschule Paul kennen. Paul war fünf Jahre älter, Witwer, eine reine liebe Seele. Er selbst erwachte zu diesem Zeitpunkt aus der anhaltenden Trauer um seine zwei Jahre zuvor an Krebs verstorbene Frau. Es war eine gute Ehe gewesen. Bei Paul lernte Susanne endlich und endgültig die Liebe. Der in seinem Schmerz so sensitive, liebesfähige Mann gab ihr das Vertrauen in das Männliche zurück, das sie jahrzehntelang verloren hatte. Susanne wurde weich. Sie verlor ihre Dornen und öffnete ihre Blüten. Sie war es, die den Mut aufbrachte, Paul eine späte Heirat vorzuschlagen. Das hatte Paul die herbe Susanne nur nicht zu fragen gewagt.

Susanne und Paul heirateten. Susanne meinte in der Selbsterfahrungsgruppe zu mir lachend: „Dornröschen ist nicht mehr."

Das Märchen

*Bislang träume ich von dem
Richtigen, der mich vom
Dornröschendasein erlöst.*

Frau, Kontaktanzeige

Märchen sind uralte Gegenwart, schrieb Goethe. Wie schwer ist ein Leben *mit* Dornröschen, wie viel schwerer muss erst ein Leben *als* Dornröschen sein!

Märchen können uns Hilfe sein, die Passionen des Lebens zu bestehen. In dieser Fähigkeit gleichen sie der Seelenarbeit in der Psychotherapie. Bruno Bettelheim, der große Psychologe, schreibt in seinem Klassiker *Kinder brauchen Märchen* (Stuttgart 1977): „In unserer Kultur besteht die Neigung, besonders wenn es um Kinder geht, so zu tun, als existiere die dunkle Seite des Menschen nicht. Sie verkündet einen optimistischen Fortschrittsglauben. Von der Psychoanalyse erwartet man, dass sie das Leben leicht machen solle, aber dies war nicht die Ab-

sicht ihres Begründers. Ziel der Psychoanalyse ist es, dem Menschen zu helfen, das Problematische des Lebens zu akzeptieren, ohne sich davon besiegen zu lassen oder in eine eskapistische (flüchtende – M. J.) Haltung auszuweichen. Freuds Rezept lautet: Nur durch mutiges Kämpfen gegen scheinbar überwältigende Widrigkeiten kann es dem Menschen gelingen, seinem Leben einen Sinn abzugewinnen."

Märchen handeln von den Chancen und Krisen des Lebens, von den Niederlagen, von Siegen, von Einfallsreichtum und List, guten und bösen Feen und Zauberern an unserem Lebenswege. Ganz direkt steuern sie die wichtigsten menschlichen Probleme an: die Notwendigkeit der Entwicklung und Selbsterkenntnis; die komplizierte Beziehung zwischen Eltern und Kindern, Liebe und Rivalität in der Geschwisterbeziehung; den aufregenden und verwirrenden Übergang vom Kind zum Erwachsenen; die sexuellen Probleme, ihre Ängste und Lösung; Beziehungsangst und Beziehungsfähigkeit; Frauwerdung und Mannwerdung; die Suche nach einem sinnvollen Platz im Leben.

Märchen sind genauso schön und genauso grausam wie das Leben selbst. Da rollen Köpfe, da müssen Drachen besiegt und die Hexe in den Backofen geschoben werden. Auch *Dornröschen* ist, auf seine sanfte Art, so ein dramatisches Märchen mit Happy End. Bettelheim erkannte: „Viele Eltern glauben, man sollte das Kind nur mit bewusster Wirklichkeit oder angenehmen, wunscherfüllenden Bildern konfrontieren, ihm also nur die Schokoladenseite der Dinge zeigen. Aber eine solche einseitige Wegzehrung nährt die Persönlichkeit auch nur einseitig, und das wirkliche Leben hat Schattenseiten."

Märchen enthalten einen vielschichtigen, in seiner Fülle kaum umfassend zu deutenden Reichtum bei gleichzeitig sparsamer erzählerischer Ökonomie. *Dornröschen* handelt vom Schlaf des Mädchens und seinem Erwachen als Frau.

Dornröschen

Vor Zeiten war ein König und eine Königin, die sprachen jeden Tag: "Ach, wenn wir doch ein Kind hätten!" und kriegten immer keins. Da trug sich zu, als die Königin einmal im Bade saß, dass ein Frosch aus dem Wasser ans Land kroch und zu ihr sprach: "Dein Wunsch wird erfüllt werden; ehe ein Jahr vergeht, wirst du eine Tochter zur Welt bringen." Was der Frosch gesagt hatte, das geschah, und die Königin gebar ein Mädchen, das war so schön, dass der König vor Freude sich nicht zu lassen wusste und ein großes Fest anstellte. Er lud nicht bloß seine Verwandten, Freunde und Bekannten, sondern auch die weisen Frauen ein, damit sie dem Kind hold und gewogen wären. Es waren ihrer dreizehn in seinem Reiche; weil er aber nur zwölf goldene Teller hatte, von welchen sie essen sollten, so musste eine von ihnen daheim bleiben. Das Fest ward mit aller Pracht gefeiert, und als es zu Ende war, beschenkten die weisen Frauen das Kind mit ihren Wundergaben: die eine mit Tugend, die andere mit Schönheit, die dritte mit Reichtum, und so mit allem, was auf der Welt zu wünschen ist. Als elfe ihre Sprüche eben getan hatten, trat plötzlich die dreizehnte herein. Sie wollte sich dafür rächen, dass sie nicht eingeladen war, und ohne jemand zu grüßen oder nur anzusehen, rief sie mit lauter Stimme: „Die Königstochter soll sich in ihrem fünfzehnten Jahr an einer Spindel stechen und tot hinfallen." Und ohne ein Wort weiter zu sprechen, kehrte sie sich um und verließ den Saal. Alle waren erschrocken, da trat die zwölfte hervor, die ihren Spruch noch übrig hatte, und weil sie den bösen Spruch nicht aufheben, sondern nur ihn mildern konnte, so sagte sie: „Es soll aber kein Tod sein, sondern ein hundertjähriger tiefer Schlaf, in welchen die Königstochter fällt."

Der König, der sein liebes Kind vor dem Unglück gern bewahren wollte, ließ den Befehl ausgeben, dass alle Spindeln im ganzen Königreiche sollten verbrannt werden. An dem Mädchen aber wurden die Gaben der weisen Frauen sämtlich erfüllt, denn es war so schön, sittsam, freundlich und verständig, dass es jedermann, der es ansah, lieb haben musste. Es geschah, dass an dem Tage, wo es gerade fünfzehn Jahre alt ward, der König und die Königin nicht zu Hause waren und das Mädchen ganz allein im Schloss zurückblieb. Da ging es allerorten herum, besah Stuben und Kammern, wie es Lust hatte, und kam endlich auch an einen alten Turm. Es stieg die enge Wendeltreppe hinauf und gelangte zu einer kleinen Türe. In dem Schloss steckte ein verrosteter Schlüssel, und als es umdrehte, sprang die Türe auf und saß da in einem kleinen Stübchen eine alte Frau mit einer Spindel und spann emsig ihren Flachs. „Guten Tag, du altes Mütterchen", sprach die Königstochter, „was machst du da?" – „Ich spinne", sagte die Alte und nickte mit dem Kopf. „Was ist das für ein Ding, das so lustig herumspringt?" sprach das Mädchen, nahm die Spindel und wollte auch spinnen. Kaum hatte sie aber die Spindel angerührt, so ging der Zauberspruch in Erfüllung, und sie stach sich damit in den Finger.

In dem Augenblick aber, wo sie den Stich empfand, fiel sie auf das Bett nieder, das dastand, und lag in einem tiefen Schlaf. Und dieser Schlaf verbreitete sich über das ganze Schloss: der König und die Königin, die eben heimgekommen und in den Saal getreten waren, fingen an einzuschlafen und der ganze Hofstaat mit ihnen. Da schliefen auch die Pferde im Stall, die Hunde im Hofe, die Tauben auf dem Dache, die Fliegen an der Wand, ja, das Feuer, das auf dem Herde flackerte, ward still und schlief ein, und der Braten hörte auf zu brut-

zeln, und der Koch, der den Küchenjungen, weil er etwas versehen hatte, in den Haaren ziehen wollte, ließ ihn los und schlief. Und der Wind legte sich, und auf den Bäumen vor dem Schloss regte sich kein Blättchen mehr.

Rings um das Schloss aber begann eine Dornenhecke zu wachsen, die jedes Jahr höher ward und endlich das ganze Schloss umzog und darüber hinaus wuchs, dass gar nichts mehr davon zu sehen war, selbst nicht die Fahne auf dem Dach. Es ging aber die Sage in dem Land von dem schönen schlafenden Dornröschen, denn so ward die Königstochter genannt, also dass von Zeit zu Zeit Königssöhne kamen und durch die Hecke in das Schloss dringen wollten. Es war ihnen aber nicht möglich, denn die Dornen, als hätten sie Hände, hielten fest zusammen, und die Jünglinge blieben darin hängen, konnten sich nicht wieder losmachen und starben eines jämmerlichen Todes. Nach langen langen Jahren kam wieder einmal ein Königssohn in das Land und hörte, wie ein alter Mann von der Dornenhecke erzählte, es sollte ein Schloss dahinter stehen, in welchem eine wunderschöne Königstochter, Dornröschen genannt, schon seit hundert Jahren schliefe, und mit ihr schliefe der König und die Königin und der ganze Hofstaat. Er wusste auch von seinem Großvater, dass schon viele Königssöhne gekommen wären und versucht hätten, durch die Dornenhecke zu dringen, aber sie wären darin hängen geblieben und eines traurigen Todes gestorben. Da sprach der Jüngling: „Ich fürchte mich nicht, ich will hinaus und das schöne Dornröschen sehen." Der gute Alte mochte ihm abraten, wie er wollte, er hörte nicht auf seine Worte.

Nun waren aber gerade die hundert Jahre verflossen, und der Tag war gekommen, wo Dornröschen wieder erwachen sollte. Als der Königssohn sich der Dornenhecke näherte, waren es lauter große schöne Blumen, die taten sich von selbst auseinander und ließen ihn unbeschädigt hindurch, und hinter ihm taten sie sich wieder als Hecke zusammen. Im Schlosshof sah er die Pferde und scheckigen Jagdhunde liegen und schlafen, auf dem Dache saßen die Tauben und hatten das Köpfchen unter die Flügel gesteckt. Und als er ins Haus kam, schliefen die Fliegen an der Wand, der Koch in der Küche hielt noch die Hand, als wollte er den Jungen anpacken, und die Magd saß vor dem schwarzen Huhn, das sollte gerupft werden. Da ging er weiter und sah im Saale den ganzen Hofstaat liegen und schlafen, und oben bei dem Throne lag der König und die Königin. Da ging er noch weiter, und alles war so still, dass einer seinen Atem hören konnte, und endlich kam er zu dem Turm und öffnete die Türe zu der kleinen Stube, in welcher Dornröschen schlief. Da lag es und war so schön, dass er die Augen nicht abwenden konnte, und er bückte sich und gab ihm einen Kuss. Wie er es mit dem Kuss berührt hatte, schlug Dornröschen die Augen auf, erwachte und blickte ihn ganz freundlich an. Da gingen sie zusammen herab, und der König erwachte und die Königin und der ganze Hofstaat sahen einander mit großen Augen an. Und die Pferde im Hof standen auf und rüttelten sich, die Jagdhunde sprangen auf und wedelten, die Tauben auf dem Dache zogen das Köpfchen unterm Flügel hervor, sahen umher und flogen ins Feld; die Fliegen an den Wänden krochen weiter, das Feuer in der Küche erhob sich, flackerte und kochte das Essen; der Braten fing an zu brutzeln, und der Koch gab dem Jungen eine Ohrfeige, dass er schrie; und die Magd rupfte das Huhn fertig. Und da wurde die Hochzeit des Königssohnes mit dem Dornröschen in aller Pracht gefeiert, und sie lebten vergnügt bis an ihr Ende.

Jacob Grimm vernahm das Märchen zwischen 1808 und 1810 in Kassel aus dem Mund der zwanzigjährigen Marie Hassenpflug. Diese entstammte mütterlicherseits einer Hugenottenfamilie aus der französischen Provinz Dauphiné. Mit hoher Wahrscheinlichkeit kannte sie die Märchen des Erzählers Charles Perrault aus dem 17. Jahrhundert. Er schrieb, auf italienischen, spanischen und altfranzösischen Quellen fußend, das Märchen *La Belle au bois dormante.*

Hier ist der dynastische Wunsch nach einem Thronfolger für die Königsherrschaft das zentrale Motiv. Um das Kind im eigentlichen Sinn geht es erst gar nicht, frei nach Friedrich Schiller *(Maria Stuart)*: „Die Könige sind nur Sklaven ihres Standes, dem eigenen Herzen dürfen sie nicht folgen."

Das Paar
und sein Frosch

Ehestand – Wehestand
Altes deutsches Sprichwort

Jede Lebensgeschichte hat eine Vorgeschichte. Sie ist bereits pränatal, also vorgeburtlich, angelegt. Dornröschen hat, wie jedes Kind, Mutter und Vater mit individuellen Problemen, Konflikten und einem Beziehungsmodell eigener Art. Das Paar bekommt lange Zeit kein Kind. Dabei sehnt es sich so stark danach. Was ist los? Liegt hier lediglich ein gynäkologisches oder andrologisches Problem vor? Hat, modern gesprochen, die Mutter zu lange die Pille genommen und muss als alte Erstgebärende nun auf Grund der langen chemischen Intoxikation auf ein Kind warten? Ist, wie heute weit verbreitet, der Samen des Mannes nicht in Ordnung? Oder gibt es einen tieferen Grund?

Kinder werden nicht immer um ihrer selbst Willen in das Leben gesetzt. Ihre Zeugung unterliegt oft Fremdmotiven. Das Kind soll vielleicht einen Sinn in das Leben bringen oder bereits vor seiner Geburt eine Ehe kitten. Wenn eine Paarbeziehung innerlich nicht mehr trägt und sprachlos geworden ist, kann so ein Säugling plötzlich wieder einen Lebensmittelpunkt herstellen. Oder will ein Vater möglicherweise in einer so liebreizenden Tochter, wie es das Dornröschen ist, einen emotionalen Liebesersatz finden? Will die Mutter ihre unerfüllten Liebeswünsche an einen kleinen Königssohn delegieren? Fragen über Fragen. Wir können sie nicht beantworten.

Aber man wird umso weniger den Eindruck los, dass in dieser Ehe etwas nicht stimmt. Kaum ist Dornröschen geboren, stürzt sich das Paar wie besessen auf seine Prinzessin, hüllt sie in einen schützenden Kokon und scheint einzig und allein für dieses Kind zu leben. Bei dem libanesisch-amerikanischen Dichter Khalil Gibran heißt es einmal (in *Der Prophet*): „Deine Kinder sind nicht deine Kinder. Sie sind die Söhne und die Töchter der Sehnsucht des Lebens nach sich selbst." Hier, in unserem Märchen, scheint das Kind von Anfang an eine Art Privatbesitz der Eltern und eine überforderte Hoffnungsträgerin zu sein.

Wir wissen über diese Ehe nichts Genaueres und können nur spekulieren, aber ein konkreter Umstand lässt uns stutzen. Das ist die Geschichte, fast hätte ich gesagt die Affäre von Dornröschens Mutter mit dem Frosch. Er sagt zur Königin: *Dein Wunsch wird erfüllt werden; ehe ein Jahr vergeht, wirst du eine Tochter zur Welt bringen.*

Schon in der Mythologie der alten Ägypter galt die Geburtshelferkröte als Sinnbild des sich immer wieder neu zeugenden Lebens, so wie die Frösche sich in jedem Frühling neu aus dem Nilschlamm ins Leben begaben. Der Frosch in seiner Wandlung von der Kaulquappe zur erwachsenen Kreatur spiegelt zugleich die phylogenetische Entwicklung des Menschen vom kaulquappenähnlichen Embryo zum Kind im Wasser des Lebens, dem Fruchtwasser, wider. Kommentatoren wie Bruno Bettelheim und Eugen Drewermann (*Dornröschen. Grimms Mär-*

chen tiefenpsychologisch gedeutet, Düsseldorf 2005) sind sich darüber hinaus einig, dass die Königin Dornröschen empfing, als der Frosch im Badezimmer der Königin auftauchte.

Der Frosch gilt als Symbol für sexuelle Beziehungen im Allgemeinen und des weiblichen Sexus im Besonderen. Angela Waiblinger nennt in ihrer Deutung *Dornröschen. Auch des Vaters liebste Tochter wandelt sich zur Frau* (Zürich 1988) den heiklen Umstand unverblümt beim Namen. Der Frosch stehe für das Erdhafte, die Feuchtigkeit und das Mütterliche der Frau. Waiblinger: „Er ist ein glitschiges Tier, vor dem viele Frauen sich ekeln, lässt dieses Glitschige doch Assoziationen vom feuchten Genitalbereich aufkommen, der ja lange Zeit für neugierig erkundende Kinderhände tabu, verboten war, vielleicht mancherorts noch ist. Die Hände gehören auf den Tisch und auf die Bettdecke, lautet eine strenge Erziehungsregel. Wie konnte da freudige Erregung, erwartungsfrohe Spannung, sehnsuchtsvolles Verlangen nach dem Feuchtwerden dieser zentralen Körperregion entstehen? Der Ausruf ‚Igitt, ein kalter nasser Frosch', bedeutet so viel wie ‚Igitt, eine feuchte glitschige Vagina' oder ‚Igitt, ein nasser erigierter Penis'. Und schnell verschwinden die Hände hinter dem Rücken oder werden entrüstet über dem Kopf zusammengeschlagen. Mutter Natur jedoch liebt den Sumpf, das Feuchte und das Glitschige, denn Nässe bringt Fruchtbarkeit, neues Leben."

Der Frosch, dem Dornröschens Mutter die Tochter verdankt, ist also ein Symbol von beträchtlicher Zwiespältigkeit. Er steht in diesem Märchen exklusiv an der Seite der Frau und in Rivalität zum Ehemann. Dieser jedenfalls trägt nichts zu diesem Kinde bei. Mit der Souveränität dieses „Königs" ist es, so spürt man, nicht weit her. Er scheint überhaupt mit der „Spindel" des Märchens, also dem Phallussymbol, und damit der Männlichkeit auf dem Kriegsfuß zu stehen. Später lässt er, vergeblich natürlich, all diese „Spindeln" in seinem Reich verbieten. Auch in der gefühlshaften (nicht sexuellen) Liebe hält er sich im Folgenden, so scheint es, an seine Tochter statt an seine Frau. Von Liebe und Leidenschaft innerhalb der königlichen Ehe ist zu keinem Augenblick die Rede.

Aber der Frosch ist auch das Symbol weiblicher sexueller Ambivalenz, der Gleichzeitigkeit von Abwehr und Wunsch in der Sache der Sexualität. Er symbolisiert, wie wir sahen, die Feuchte des weiblichen Schoßes, aber auch die erektile Qualität des männlichen Gliedes. Ein Frosch vermag sich, wenn er erregt ist, gewaltig aufzublasen, das entspricht assoziativ der Fähigkeit des Penis sich aufzurichten. Wir kennen dieses sexuelle Symbol aus dem Grimmschen Märchen *Der Froschkönig*. Dort erfährt die Heldin, die ängstliche Prinzessin, am Ende jedoch, das eben dieses feuchtkalte, ekelige Tier, das sie mit spitzen Fingern in die letzte Ecke ihres Schlafzimmers verbannt, sich am Ende in etwas Schönes, nämlich einen Prinzen mit freundlichen guten Augen verwandelt.

Gehören solche Dinge vor die Augen kindlicher Zuhörer, fragt man sich. Wohin denn sonst, antwortet Bruno Bettelheim. Empfindet das noch unerweckte Mädchen nicht zugleich Angst und Neugier in Bezug auf Sexualität? Braucht es nicht archetypische Bilder, die Angst zu verstehen und sie zugleich aufzuheben? Bettelheim befindet am Beispiel des Märchens *Der*

Froschkönig: „Die Geschichte vom Frosch – wie er sich benimmt, was die Königstochter mit ihm erlebt und was am Ende sich mit beiden, dem Frosch und dem Mädchen ereignet – bestätigt, dass Widerwillen angebracht ist, wenn man noch nicht bereit ist für die Sexualität, und bereitet vor, dass hier etwas sehr Wünschenswertes ist, sobald die Zeit reif ist … Dadurch, dass das Märchen den Frosch als Sexsymbol benutzt, ein Tier also, das in seiner Jugend in einer bestimmten Form, nämlich als Kaulquappe und dann, wenn es reif ist, in einer völlig anderen Form existiert, spricht es zum Unbewussten des Kindes. Es hilft ihm, die Form der Sexualität zu akzeptieren, die seinem Alter entspricht, während es gleichzeitig für den Gedanken empfänglich gemacht wird, dass in dem Maß, wie es heranwächst, auch seine Sexualität in seinem eigensten Interesse eine Metamorphose durchmachen muss."

Die Sexualität ist etwas Animalisches, Überrationales. In der Philosophie wird der Mensch bereits seit der Zeit der Antike als *animal rationale*, als ein *denkendes Tier*, beschrieben. Das ist, noch einmal philosophisch gesprochen, eine *coindidentia oppositorum*, eine *Vereinigung der Gegensätze*, und eine Quelle der Verunsicherung. Denn werfen wir uns nur auf die Seite des Animalischen, des Sinnlichen, des *Es*, wie Freud sagen würde, so verliert unser Ich die denkend-steuernde Qualität, also das *Über-Ich* (Freud), aus dem Auge und wird führungslos. Leben wir ausschließlich das Rationale, das Geistig-Intellektuelle, so verlieren wir das Körperliche und Triebhafte, die Wonnen des Tieres in uns.

Angela Waiblinger vermutet bei der Königin eben das Letztere: „Möglicherweise blieb sie auch deshalb so lange kinderlos, weil sie allzu sittsam, prüde und verklemmt in zwar kunstvoll geschneiderten, doch stoffreichen, langwallenden Nachtkleidern unter dicken Federbetten den König zur Liebesnacht erwartete. Sie war nicht mehr das natürliche, dem freien Liebesspiel sich öffnende Weib, das Jahrtausende vor ihr den Mann sich begehrlich auf das Lager gezogen hätte – sie muss die Sinnenfreude aus ihrem Leben verbannt haben, wie so viele Frauen ihrer Zeit. Und auch heute noch ist es für viele Frauen wichtiger, die Kacheln des technisch hochgestalteten Badezimmers, das ein Vermögen gekostet hat, hygienisch sauber und steril zu halten, als dass Eros diesen Raum regiert."

Angela Waiblinger vermutet eine „außereheliche Beziehung" der Königin: „Eine neue Liebe, eine verbotene Liebesbeziehung setzt ja oft körperliche Reaktionen frei, die bisher nie erlebt wurden oder im Laufe der Ehe wieder eingeschlafen sind. Auch neue seelische Impulse werden in so einer ‚verbotenen' Beziehung fast immer freigesetzt." Eines können wir nach den Erkenntnissen der systemischen Familientherapie mit Sicherheit schlussfolgern: Wenn die Eltern und besonders hier die Mutter das Problem der Sexualität nicht lösen, sondern es verschweigen oder die Sexualität möglicherweise klammheimlich ausagieren, dann wird dieser ungelöste, verdrängte Konflikt mit hoher Wahrscheinlichkeit zur schicksalhaften Last und Aufgabe für das Kind.

In diesem systemischen Sinne wirken ungelöste Fragen der Elterngeneration in das Leben des Kindes konkret hinein. Es wird mit der Heimlichkeit, der Sexualangst und dem Unausgesprochenen der Eltern konfrontiert. Dies hat nichts mit den mystifizierenden Behauptungen des autoritären Familienaufstellers Bert Hellinger zu tun, der ein abstraktes „Sippenbewusstsein" und Schicksalsfigurationen eines Klienten in Folge psychischer Traumen irgendwelcher Altvorderen beschwört. Der Hellinger-Schüler Thomas Schäfer meint in seinem Buch *Wenn Dornröschen nicht mehr aufwacht. Bekannte Märchen aus Sicht von Bert Hellingers Familienaufstellungen*: „Seiner Ansicht nach sind weit mehr als die Hälfte aller Probleme, mit denen Menschen in die Psychotherapie kommen, nicht entwicklungspsychologisch, sondern systemisch bedingt. Viele Probleme gehen somit nicht zurück auf eigenes Erleben, sondern auf die Wiederholung von ‚fremdem' Schicksal in der Familie."

Genau das ist falsch. Dornröschen erlebt nicht irgendein fremdes Schicksal in seiner gestörten Sexualität, sondern es wird von der repressiven Sexualmoral des Vaters, der Jagd auf alle „Spindeln" macht, konkret in den Schlaf der Vernunft getrieben.

Wie weit die Hellingerei spekulative Blüten treibt, enthüllt Thomas Schäfer unfreiwillig, wenn er die böse dreizehnte Fee als frühere und nun nicht mehr gewürdigte Ehefrau des Königs zu erkennen meint. Warum sollten Kinder aus Zweitehen ihre Existenz dem Scheitern der Erstehe verdanken? Genauso gut könnte man sagen, wir „verdanken" unsere Existenz den Großeltern, die unseren Vater und unsere Mutter zeugten. Das von Hellinger beschworene „Familiengewissen" und die angebliche zwangsweise Identifikation mit Familienschicksalen in grauer Vorzeit sind ebenso wenig relevant für die Psyche eines Patienten wie das von so genannten Reinkarnationstherapeuten beschworene „frühere Leben" eines Menschen.

Eugen Drewermann erinnert in seiner Dornröschen-Interpretation an die Grundsätze soliden psychotherapeutischen Handwerks: „Woran jemand sich selber erinnert, wodurch er im Umgang mit anderen Menschen persönlich geformt wurde, die Inhalte, die sich durch Traumarbeit, durch freie Assoziationen und die Analyse von Wiederholungssituationen in der eigenen Biografie aus der Verdrängung ins Bewusstsein heben lassen – all das kann helfen, einen Menschen mit sich selbst identischer zu machen. Dabei spielt natürlich die psychische Eigenart der Eltern, die Entstehung und Entwicklung ihrer Beziehung, die Rolle eines Patienten unter seinen Geschwistern, kurz, alles autobiografische Material im Rahmen der Familiengeschichte eine entscheidende Rolle; – stets bedeutet die Psychoanalyse einer Person auch eine Aufarbeitung der Sozialpsychologie der Familie, in die sie hineingeboren wurde."

Natürlich geben Generationen auch die Symptome verdrängter Probleme weiter. Drewermann insistiert jedoch: „Dabei kommt es aber auf die Psychodynamik der Beziehungen zwischen den jeweiligen Akteuren und auf die innere Verarbeitung der persönlichen Erlebnisse an; es darf nicht darum zu tun sein, bestimmte disparate Fakten in ein ‚System' geheimnisvoller ‚Fernwirkungen' zu bringen. Wie in der Physik gibt es auch in der Psychologie nur ein ‚Feld', das sich aus endlichen Wirkungen mit einer endlichen Ausbreitungsgeschwindigkeit aufbaut."

Die Königin hat also das Kind gewünscht, aber die Sexualität war ihr ein Problem. Entweder hat sie die Sexualität heimlich außerhalb der Ehe riskiert oder sie hat die Vereinigung mit dem eigenen Mann mit Ekel und Widerwillen praktiziert. Wir können hier nur vermuten. Genaueres wissen wir nicht. „Ehestand – Wehestand" sagt das alte deutsche Sprichwort. Die Sexualneurose und die Triebunterdrückung sind seit den Zeiten des heilig gesprochenen Kirchenlehrers Augustinus (354–430 n. Chr.) fester ideologischer Bestandteil der christlichen Amtskirchen. Die Frau ohne Lust am Frosch ist jedoch ihrer vitalsten Antriebskraft beraubt. „Der Kampf um die Lust", sagt Nietzsche einmal, „ist der Kampf um das Leben."

Die Frau, die keine Lust am Mann spüren darf, wird sich selbst und ihre Weiblichkeit nicht freudvoll erleben. Welches Vorbild wird eine solche „frigide" Mutter ihrer Tochter geben? Wie verlagert sich die nichtgelebte *Libido* eines solchen Paares auf das Kind? Wird die Liebesenergie, statt zwischen Frau und Mann zu fließen, wie ein Wasserfall auf das Kind gelenkt und es damit überschüttet? Vertraut ein solches

Paar, anstatt sich selbst in einer ununterbrochenen Paarevolution und Paarsynthese zu entwickeln, nicht vielmehr dem Kind, das ja Entwicklung, Ganzheit, Hoffnung und Neues schlechthin bedeutet? Und bekommt das Kind dadurch nicht eine Ersatzfunktion, nämlich die verborgenen Hoffnungen und Wünsche der Eltern zu verwirklichen?

Natürlich, jedes Kind ist ein *initium*, ein Neuanfang in der Welt. Mit jedem Menschen, der geboren wird, erscheint die menschliche Natur immer wieder in einer etwas veränderten Gestalt. Hölderlin jubelt: „Ja! Ein göttlich Wesen ist das Kind, solange es nicht in die Chamäleonsfarbe der Menschen getaucht ist. Es ist ganz, was es ist, und darum ist es so schön. Der Zwang des Gesetzes und des Schicksals betastet es nicht; im Kind ist Freiheit allein. In ihm ist Frieden; es ist noch mit sich selber nicht zerfallen. Reichtum ist in ihm; es kennt sein Herz, die Dürftigkeit des Lebens nicht. Es ist unsterblich, denn es weiß vom Tode nichts."

Was könnte aus diesem Mädchen Dornröschen nicht alles werden! Um noch einmal mit Hölderlin (*Hyperion*), dem Hymniker kindlicher Unschuld, zu sprechen: „O es sind heilige Tage, wo unser Herz zum ersten Male die Schwingen übt, wo wir, voll schnellen feurigem Wachstums, dastehen in der herrlichen Welt, wie die junge Pflanze, wenn sie der Morgensonne sich aufschließt und die kleinen Arme dem unendlichen Himmel entgegenstreckt."

Was wird aus diesem unschuldigen Kind Dornröschen, dessen Name bereits auf die Schönheit der Rose und den Schmerz der Dornen verweist, werden? Es trägt noch alle Möglichkeiten in sich, Form und Deformation. Mit welchen Botschaften wird es aufwachsen? Welcher gute und böse Zauber werden, wie im Leben jedes Menschen, sein Leben beflügeln und bremsen? Noch sehen wir erst das beglückende Geschenk des ungeformten Kindes. Der Philosoph Oswald Spengler (1880–1936) findet in seinen Fragmenten *Urfragen* die passenden Worte: „Das Neugeborene ist ein kleines runzliges Tier, das sich erst langsam in einen Menschen verwandelt."

Gute und böse Feen am Lebensweg

Nymphen und Feen hat die christliche Welt durch weniger sinnliche Geister ersetzt, aber in den Häusern, Landschaften, Städten und Individuen spukt weiter etwas ungreifbar Weibliches.

Simone de Beauvoir,
Das andere Geschlecht

Unserem Paar steckt also buchstäblich ein Frosch im Hals, die Angst vor der Sexualität. In dieser Ehe gibt es verborgene Geheimnisse...

Auftritt der Feen. Was bedeuten sie? Warum treten in so vielen Märchen Feen, Zauberinnen und Zauberer auf? Ist es nur ein Hokuspokus, der die Seele des Kindes blenden soll? Sind sie Rudimente religiösen und mythischen Denkens? Sehen wir uns zunächst einmal die Etymologie, die

sprachliche Herkunftsgeschichte des Wortes an. „Fee" findet sich in dem lateinischen Wort *fatua*, das ist die *Weissagerin*. *Fatua* stammt von *Fari*, das heißt *sprechen*. Feen sind also weise, oder sagen wir vorsichtiger gute Frauen, die etwas Wichtiges aussprechen. Wenn wir denn heute nicht mehr an immaterielle Wesen wie Feen oder Engel zu glauben vermögen, so müssen wir im realen Leben, am besten im eigenen, suchen, wo, wann und wie uns Frauen als Feen – oder Männer als gute Zauberer – begegnet sind.

Der Literaturwissenschaftler Friedmar Apel schreibt (in F. Apel/Norbert Miller, Hrsg., *Das Kabinett der Feen. Französische Märchen des 17. und 18. Jahrhunderts*, München 1984): „Die wunderbaren Mächte, die im frühen Feenmärchen wirkten, sind eigentlich nur ins Märchenhafte verzauberte Gestalten der Vernunft: Was sie bewirken, ist nicht mehr und nicht weniger als das Abbild dessen, was sich der aufgeklärte Mensch als geordnete Welt vorstellte und herbeiwünschte."

Natürlich haben Feen ihre Vorläufer in Religionen und Mythologien. Das Leben eines Menschen hing bei den Germanen wie schon bei den Römern und Griechen von Schicksalsmächten, zum Beispiel den *Nornen* oder den *Moiren*, ab. Dieses Schicksalsfrauen woben den Lebensfaden eines Menschen und schnitten ihn nach ihrem Gutdünken wieder ab. Noch in Reiner Maria Rilkes Gedicht *Leben* taucht diese mythologische Erinnerung wieder auf, wenn der Dichter einen lebensfrohen Menschen am Ende seiner Tage sagen lässt:

Und senkt einst die Göttin die Waage,
Zerreißt sie, was mild sie gewebt,
Ich schließe die Augen und sage:
Ich habe geliebt und gelebt.

Die zwölf Feen, die zu dem „Fest mit aller Pracht" eingeladen werden, beschenken das Kind mit ihren Wundergaben, „die eine mit Tugend, die andere mit Schönheit, die Dritte mit Reichtum und so mit allem, was auf der Welt zu wünschen ist." Das führt uns auf die Lösung des Rätsels nach dem Wesen der Feen. Sollte nicht jeder von uns von guten Frauen – und natürlich auch guten „bezaubernden" Männern – mit den besten Wünschen und Hilfeleistungen ins Leben hineingeliebt werden? Können wir dieses Leben überhaupt im seelischen Alleingang bestehen?

Wenn ich an mein eigenes Leben denke, so fallen mir auf Anhieb, und sicherlich unter Vernachlässigung anderer liebevoller weiblicher Wesen, gleich sechs Frauen ein, die für mein seelisches Gedeihen wahre Feenkräfte entwickelten: meine schöne Arztmutter, die kinderlose Tante Hella, die uns über alles liebte und mit nie nachlassender, strapazierfähiger Geduld aufzog; meine Kinderschwester Ida, deren für mich unbegreiflichen Abgang ich wochenlang betrauerte (*Ida, ada?*); meine eineinhalb Jahre ältere Schwester Maria-Theresia, die nach der frühen Scheidung der Eltern eine robuste, aber loyal beschützende Fee war; die alte Lehrerin Frau Dreher, die eine Art Schulmutter für mich war; die junge bildschöne Grundschullehrerin Frau Schäfer mit ihren langen kastanienbraunen Haaren, an der sich mein erster knabenhafter Eros entzündete …

Ohne solche Feen und gute männliche Zauberer wären wir Kinder oft zum seelischen Siechtum verurteilt. Diese gütigen Instanzen vermögen

Unheil von uns abzuwenden, unser Selbstwertgefühl aufzubauen und die Hilflosigkeiten und manchmal auch Lieblosigkeiten einer Mutter, eines Vaters zu kompensieren. Es ist kein Zufall, dass sich der kindliche Held Harry Potter, dieses männliche Aschenputtel, der von seinem Stiefvater Dursley von morgens bis abends gedemütigt wird, im Reich der Magier gleich mehrere Zauberer als Ersatzväter sucht. Dank dieser liebesfähigen und wohlwollenden Zauberer und dank ebenso guter Feen vermag Harry, dieses geschundene und doch erlesene Kind (wie ich in meinem Buch *Der Zauber der Wandlung. Harry Potter oder Das Abenteuer der Ichwerdung* gezeigt habe), alle Anschläge des Bösen zu überwinden und die Dornenhecke seiner liebesleeren Stieffamilie zu durchbrechen.

Ohne gute Feen und ermunternde männliche Zauberer auf unserem Lebenswege wären wir wohl verloren. Es ist, als ob es Schutzengel aus Fleisch und Blut mitten in unserem Leben gäbe und als ob sie uns in einer Art Stafettenlauf in verschiedenen Lebensphasen einander übergäben.

Zwölf gute Feen gibt es im Märchen *Dornröschen*, das entspricht den zwölf Monaten eines Jahres, also eines geschlossenen Lebensganzen. Zwölf Apostel bildeten der christlichen Legende nach die Gemeinschaft um Jesus. Menschsein heißt, von anderen Menschen getragen, gehalten, geführt, geliebt und achtungsvoll von ihnen gespiegelt zu werden. Ich habe, in der Vorbereitung auf dieses Buch, immer wieder Klienten gefragt, ob sie so etwas wie Feen in ihrem Leben kannten. Ausnahmslos alle antworteten mit Ja.

Ulrike, eine medizinisch-technische Assistentin, Anfang fünfzig, erzählte: „Mein frühes Leben erfuhr durch das Zwischentreten einer ‚Fee' eine Rettung. Meine Mutter war morphiumabhängig, äußerst labil, und hatte mich gleichsam versehentlich, mit zugedröhntem Kopf empfangen. Da sie, wie es im Behördendeutsch lautet, ‚Vielfachverkehr' hatte, konnte sie nicht einmal den Namen des Erzeugers angeben. Sie liebte mich, aber sie war psychisch und physisch außer Stande ein Kind zu betreuen. Ich wurde häufig bei einer Freundin deponiert. Sicher ist es kein Zufall, dass ich als Kleinkind ständig unter Krankheiten litt und meine Krankenhausaufenthalte kein Ende nahmen. Ich war ein körperlich schwaches und seelisch verängstigtes Kind. Wo ich ging und stand, klammerte ich mich an meine Puppe. Als ich mit sieben Jahren vor der Einschulung stand, starb meine Mutter innerhalb weniger Tage nach schwerem Kokainmissbrauch an einer verschleppten doppelseitigen Lungenentzündung.

Da holte mich ihre Schwester Anna ohne zu zögern zu sich. Anna und ihr Mann wurden zu wundervollen Ersatzeltern für mich. Sie hatten zwei Söhne, die damals schon zwölf und dreizehn Jahre alt waren. Diese hatten keinerlei Rivalitäten mir gegenüber. Sie freuten sich im Gegenteil riesig über das plötzliche Geschenk eines niedlichen Schwesterchens. Sie nahmen mich überall zum Spielen mit. Selbst bei ihrem Fußballspiel saß ich am Rand des Platzes und schaute ihnen begeistert, meine Puppe im Arm, zu. Wenn einer von beiden ein Tor geschossen hatte, rannte er zu mir und drückte und küsste mich. Mutter Anna – so nannte ich sie – wurde die gütige Fee in meinem Leben. Sie strahlte mich an und nannte mich ‚mein Schatz'. Ich fühlte zum ersten Mal in meinem Leben, dass ich etwas Kostbares war.

Mutter Anna hatte sich immer ein Mädchen gewünscht, aber keines bekommen. Jetzt zog sie mich hübsch an, spornte mich unablässig zum Lernen an. Sie brachte mir Klavier, Nähen, Stricken, Literatur und ihre früheren Lieblingsfächer Physik und Chemie bei. Sie sorgte dafür, dass ich Abitur machte, sie pries mir die Sexualität als etwas Wunderschönes an. Mutter Anna tröstete mich im Liebeskummer und lenkte meinen Geschmack dahin, die innere Qualität eines Mannes zu erkennen. Als mein heutiger Mann mich einmal schlecht behandelte, redete sie ihm ins Gewissen und sagte wörtlich: ‚Mit diesem Diamanten musst du kostbar umgehen'. Mit dem Diamanten meinte sie mich."

Ulrike konnte mühelos noch weitere Feen aufzählen. Da war ihre Freundin, die sie während ihrer Ausbildung immer wieder ermutigte. Da war eine Religionslehrerin, mit deren Hilfe Ulrike zu einem spirituellen Weltbild fand. Da war schließlich die Oberärztin auf der Station in der Klinik, an der Ulrike arbeitete: „Als unsere Tochter, unser einziges Kind, mit siebzehn Jahren von einem Auto überfahren wurde und wochenlang zwischen Leben und Tod schwebte, organisierte die ‚Arztfee' alle Rettungs- und später Rehabilitationsmaßnahmen für das Kind, rief mich täglich, auch nachts, an und ‚prophezeite' mir die Genesung."

In der Therapie, in Selbsterfahrungsgruppen und geführten Meditationen ermuntere ich Frauen und Männer immer wieder, der guten Feen und lieben Zauberer in ihrem Leben dankbar zu gedenken und sie einmal vor dem inneren Auge um sich zu sammeln. Da geraten die meisten in Platznot, so groß ist die Zahl dieser märchenhaften Helfer.

Aber, so fragt man sich, was hat das mit der bösen Fee im Märchen *Dornröschen* auf sich? Wie heißt es da: „Als Elfe ihre Sprüche getan hatten, trat plötzlich die Dreizehnte herein. Sie wollte sich dafür rächen, dass sie nicht eingeladen war, und ohne jemand zu grüßen oder nur anzusehen, rief sie mit lauter Stimme: ‚Die Königstochter soll sich in ihrem fünfzehnten Jahr an einer Spindel stechen und tot hinfallen.' Und ohne ein Wort weiter zu sprechen kehrte sie sich um und verließ den Saal."

Wo es gute Feen, gütige Instanzen und positive Botschaften gibt, da muss es auch böse Feen, negative Instanzen und destruktive Botschaften geben. Es wäre schön, wenn unsere Individuation, die lange Sinfonie unserer Ichwerdung, nur harmonisch orchestriert wäre. Aber da gibt es immer auch die Misstöne, die Kakophonie. Wer kennt nicht mindestens einen Lehrer, der ihm übel wollte und ihm das Leben mit ungerechten Zensuren sauer machte. Ich erinnere mich an einen Turnlehrer im Internat, der uns Zehn- bis Zwölfjährige so brutal ohrfeigte, dass wir auf den Boden flogen. Heute wäre er ein Fall für die Justiz.

Dennoch liegt die Frage nahe, ob es nicht übertrieben ist, wenn die verlassene, gekränkte dreizehnte Fee dem Mädchen wünscht, dass sie „tot hinfallen" werde. Ebenso wie die böse Fee, so ist auch dieser Todeswunsch metaphorisch, das heißt sinnbildlich, zu verstehen. Er steht für die Negation des So-Seins. Der symbolische „Todeswunsch" einer bösen Mutter, eines hasserfüllten Vaters, eines grausamen Lehrers lautet im Kern: „So wie du bist, darfst du nicht sein. So wie du bist, lehne ich dich radikal ab. So wie du bist, bist du wertlos. Aus dir wird nie etwas werden. Du lebst nicht so, wie ich es von Dir will. Für mich bist Du tot!"

Senta, heute Komponistin, Saxophonistin und Sängerin in einer Jazzband, hatte so eine „böse Fee" in Gestalt ihrer Stiefmutter (was natürlich nicht gegen die überwiegende Zahl guter Stiefmütter spricht!). Senta war ein aufmüpfiges, fantasievolles und wildes Mädchen, von ihrer leiblichen Mutter heiß geliebt. Senta erinnert sich: „Meine Mutter war eine herrliche Chaotin, die eigentlich als Musiklehrerin in einem konservativen Gymnasium völlig fehl am Platz war. Wir hatten einen unkonventionellen Bohème-Haushalt. Mein Vater war als Mann im Spitzenmanagement einer Weltfirma fast immer unterwegs und ließ meine Mutter, mich und meine beiden Brüder schalten und walten, wie wir wollten. Dann starb meine Mutter nach einer Operation an einer nicht bemerkten nächtlichen Thrombose. Ich war zwölf. Mein Vater heiratete sehr rasch wieder, um uns Kinder versorgt zu wissen.

Die neue Frau war anständig, aber fürchterlich akkurat und penibel. Sie konnte Unordnung und jegliche Form von Improvisation nicht leiden. Wir hatten bis dahin oft erst am späten Abend gegessen oder hatten das Wochenende im Bademantel verbracht und aus dem Kühlschrank gefuttert. Sie wollte – das kann ich heute eher begreifen – ‚Ordnung in den Laden bringen'. Je mehr sie das mit strenger Hand versuchte, desto stärker meuterten wir drei Kinder. Außerdem lehnten wir sie ab, weil sie den Platz unserer Mutter einzunehmen versuchte. Der war aber für immer vergeben. Mit Hilfe unseres Vaters erzwang die Stiefmutter sogar, dass wir sie ‚Mutter' nennen mussten.

Das Ganze wurde zum Teufelskreis. Je mehr wir opponierten, desto drakonischer wurde das Regime der ‚bösen Fee'. Sie trieb uns zur Weißglut mit ihren sturen Kommandos und ihrer schneidenden Stimme. Wir piesackten sie, wo wir nur konnten. Sie verstand es nicht, dass sie uns mit viel Toleranz und mehr Liebe als eine Art ältere Freundin hätte gegenübertreten müssen – dann hätten wir sie wahrscheinlich akzeptieren können. Im Gegenteil, sie spaltete jegliche guten Gefühle ab. Mir gab sie die böse

Botschaft mit: ‚Selbst wenn du das Abitur schaffst, wirst du es im Leben nie zu etwas bringen. Du bist nichts. Du taugst nichts. Du wirst keinen Beruf schaffen. Du wirst keinen Mann kriegen'.

Mich haben diese schlimmen Prophezeiungen nicht nur gekränkt, sondern auch als Jugendliche verunsichert und mein Selbstbewusstsein geschwächt. Denn die Stiefmutter war ja nicht einfach nur eine Furie, sondern zugleich eine intelligente und tüchtige Frau. Und auch sie hatte ihrerseits kein leichtes Leben hinter sich.

Mein Leben verlief im Zickzack. Der berufliche Erfolg kam spät. Heute noch, wenn mir eine Komposition nicht gelingt oder wenn mir ein Engagement als Solistin platzt, höre ich die drohende Stimme der – inzwischen verstorbenen – ‚bösen Fee': ‚Du bist nichts. Du taugst nichts.' Dann besinne ich mich schnell wieder auf die gute Botschaft der Mutter-Fee: ‚Ulli, meine Liebe, Kluge!'"

In unserem Märchen könnte die böse Fee sowohl verborgene Anteile der Mutter wie des Vaters ausdrücken. Das lässt sich nur vermuten, nicht beweisen. Sollte der Wunsch der bösen

Fee für Dornröschen auf einen besonderen „Tod" mit fünfzehn Jahren, nämlich den Verlust der Unschuld und eine unehrenhafte Schwangerschaft, hindeuten? Irving Thatcher gibt in seinem Buch *Wer hat Dornröschen wachgeküsst? Das Märchen-Verwirrbuch* (Frankfurt 1992) zu bedenken: „Man wird leicht begreifen, dass eine derartige Furcht in der lange Zeit psychisch sterilen Königin lebendig geworden war, nachdem sie selbst erst auf dem Umweg nach einem Fehltritt zu dem lange vergeblich ersehnten Kinde gekommen war. Der Wunsch der bösen Fee ist also nichts anderes als ein Ausdruck der mütterlichen Furcht vor der alsbaldigen Wiederholung ihres eigenen Schicksals am Kinde. Der hundertjährige Schlaf aber, den die gute Fee zur Verhinderung des Unheils herbeiwünscht, ist die emphatische Umschreibung des Wunsches der Mutter, die Tochter möge so lange wie irgend erforderlich und schicklich ihre Unberührtheit bewahren."

Umgekehrt könnte, wie Eugen Drewermann vermutet, in der dreizehnten Fee eine Seite in der Person des eigenen Vaters aufscheinen. Legt er sich bei seiner übertrieben fürsorglichen Liebe und seiner sexualneurotischen Sorge um das Mädchen nicht lastend auf die Seele Dornröschens? Ist eine solche väterliche Sexualangst nicht die böse Feen-Botschaft schlechthin? Lässt eine solche sexuelle Phobie die Rose der Mädchenschaft dornig werden? Birgt die daraus resultierende Angst vor der Entjungferung nicht die Gefahr, sich gar nicht richtig auf das große Abenteuer der körperlichen Sinnlichkeit einzulassen, ja die Sexualität buchstäblich zu verschlafen?

Melanie, die Tochter eines Organisten, empfand das pietistisch-asketische Milieu ihrer Familie und die angstbesessene Sexualerziehung ihres Vaters als so einschüchternd, dass sie bekannte: „Noch im Studium habe ich jeden Mann abgewiesen. Als ich mich im Studium am Ende eines Ausfluges und eines schönen nächtlichen Umtrunks mit der Wandergruppe fröhlich beschwipst mit einem Kommilitonen einließ und mir die denkbar sparsamste Form von Petting gestattete, da habe ich anderen Tags sofort den Umgang mit ihm abgebrochen. Ich kam mir vor meinem Vater vor wie eine Hure."

Die Botschaften der „bösen" Feen und Zauberer in unserem Leben sind nicht an sich tödliche Gifte. Die Spindel vermag uns erst dann zu stechen und in die seelische Ohnmacht zu stürzen, wenn wir zuvor die destruktiven *Dressate* (Fritz Künkel) verinnerlicht und zum eigenen Credo verdichtet haben. Das berühmte „Schicksal" hat nur insoweit Macht über uns, wie wir es zulassen.

Drewermann bringt es auf den Punkt: „Schicksalshaft, zwanghaft, gegenfinal die besten Absichten durchkreuzend ist nicht der Zauberspruch göttlicher Mächte, teuflischer Dämonen oder ‚weiser Frauen'; schicksalshaft, zwanghaft, gegenfinal wirken die Kräfte unserer eigenen Seele, die wir aus Angst verdrängen, nach außen projizieren und dann als ‚reale' Verstrickungen zu bekämpfen versuchen. Zum ‚Schicksal' wird uns einzig die Dynamik des eigenen Herzens, wenn wir sie angstvoll der Blindheit des Unbewussten anheim fallen lassen."

Unsere Ichwerdung stellt uns vor die Aufgabe, die guten und die bösen Botschaften voneinander zu unterscheiden, die guten Feen und die bösen Feen und Zauberer auseinander zu sortieren. Das bedeutet, uns rückwirkend mit den positiven Impulsen reifer Menschen in unserer Kindheit und Jugend zu identifizieren und uns von den schädlichen Stichwortgebern innerlich zu distanzieren. Dazu ist unser Leben da. In Irrtum, Korrektur, in Rückfall und Reifung gehen und stolpern wir zur Lebensganzheit.

Die Überbehütung

*Wer die Kinder verzärtelt, setzt sie
ins leichte Schiff.*

Deutsches Sprichwort

Kinder kann man zweifach schädigen: durch Verwahrlosung und durch Überbehütung. Das Erste ist klar, das Zweite verlangt nach Erklärung.

Kinder brauchen in ihrer Erziehung eine gute Balance von Autorität und Freiheit, Regeln und Selbstverwirklichung. Schlägt das pädagogische Pendel zu sehr nach einer Seite aus, dann nimmt der oder die Heranwachsende Schaden. In übertriebener Freiheit allein gelassen, findet das Kind keine Orientierung, Perspektive, Werte. Von autoritären Eltern gegängelt, kontrolliert, von allen Gefährdungen abgeschirmt und überbehütet, verliert das Kind Vertrauen zu sich selbst und gewinnt keinen Mut zum Leben. Kinder müssen das gefährliche Leben lernen und oft in schmerzhaften Erlebnissen erfahren, was

die Pädagogik die *optimale Frustrationstoleranz* nennt. Das heißt, das Kind muss auch einmal Ängsten begegnen, sie überwinden, Rückschläge erfahren, Verzicht leisten, Schmerz aushalten. Das Kind verletzt sich beim Räuber-und-Gendarm-Spielen, es fällt vom Kirschbaum herunter, es stürzt mit dem Fahrrad – und trägt Pflaster und Verbände stolz wie Siegestrophäen.

Jungen hat man diese Art robuster Welteroberung schon immer als Vorspiel ihrer späteren männlichen Rolle zugebilligt und sie dazu ermuntert. Mädchen wurden in der traditionellen konservativen Erziehung eher verzärtelt und vor der rauen Zugluft des Lebens geschützt. Die Schriftstellerin Franziska Gräfin zu Reventlow (1871–1918), eine der ersten öffentlich wirksamen emanzipierten Frauen, kritisierte in ihren Tagebüchern um 1900: „Von jungen Mädchen findet man es entsetzlich, wenn sie ein Selbst sein wollen, sie dürfen überhaupt nichts sein, bestenfalls eine Wohnstubendekoration oder ein brauchbares Haustier, von tausend lächerlichen Vorurteilen eingeengt."

Meist liegen dieser Überbehütung von Mädchen gut gemeinte Absichten zu Grunde. Das Mädchen soll ja vor möglichen Gefahren behütet werden. Schaut man genauer hin, erkennt man rasch, dass es sich bei diesen „Gefahren" um Sexualität handelt. Schaut man noch genauer hin, erkennt man, dass es sich um die Angst der *Eltern* vor der Sexualität handelt.

Natürlich hat sich die Sexualmoral seit den Zeiten der Gräfin zu Reventlow fundamental geändert. Die Pille, Oswald Kolle, die 68er Revolte und die Laisser-faire-Philosophie der heutigen posttraditionalen Gesellschaft haben viele Fesseln und früheren Ängste gesprengt. Und doch gibt es mitten in Deutschland noch Formen unverarbeiteter Sexualangst und Überbehütung wie Unterdrückung von Mädchen, die mittelalterlich anmuten. Das ist zum Beispiel die Situation hunderttausender türkischer Mädchen hier zu Lande, die konservativ-muslimisch erzogen und unterdrückt werden. Sie schreit zum Himmel.

In dem von Theo Sommer herausgegebenen Sammelband von ZEIT-Redakteuren *Leben in*

Deutschland. Anatomie einer Nation. (Köln 2004) fand ich ein Interview Liane von Billerbecks mit der Gynäkologin Ute Kling-Mondon aus Berlin-Kreuzberg. Auf die Frage, ob Mädchen in der Bundesrepublik nicht unaufgeklärter seien, als wir gemeinhin in unserer liberalen Gesellschaft annehmen, antwortet die Ärztin: „Für den Großteil meiner ausländischen Patienten trifft das zu. Ich mache die erschütternde Erfahrung, dass viele türkische Mädchen überhaupt nicht aufgeklärt sind. Selbst türkischsprachige Informationsbroschüren in meiner Praxis werden kaum gelesen. Eine türkische *Bravo* fehlt gänzlich. Deutsche Mädchen sind schon besser aufgeklärt. Sie haben die Jugendzeitschriften, pflegen das offene Reden untereinander, das wissende Reden."

Würden den türkischen Mädchen spezielle „Teenager-Sprechstunden", wie es sie hier heute gibt, helfen? Ute Kling-Mondon: „Für türkische Mädchen bietet sich das nicht an. Es darf eigentlich niemand wissen, dass sie kommen. Wer vor der Ehe zum Frauenarzt geht, so argwöhnen traditionell denkende Eltern, hat eine unerlaubte Beziehung. Manchmal kommen sogar türkische

Mütter mit ihrer Tochter, um deren Jungfräulichkeit bestätigen zu lassen – nur, weil das Mädchen auf der Straße allein mit einem Jungen gesehen wurde." Türkische Mädchen schämen sich vor der gynäkologischen Untersuchung durch eine Ärztin. Sie betonen, dass ihre Jungfräulichkeit bei der Untersuchung unbedingt erhalten werden muss, weil sonst ihre Heiratschancen in den Keller fallen. Sie fühlen sich in ihrem Frausein alleine gelassen. Ute Kling-Mondon: „Ein türkisches Mädchen mit einem Freund hat meistens niemanden zum Reden, wenn die Regel ausgeblieben ist. Die Angst ist groß, dass die Freundin oder der Freund selbst sie verraten, dass die Familie sie wegen einer Schwangerschaft verstoßen könnte."

Obwohl fast die Hälfte der Studenten im Mutterland Türkei inzwischen weiblich sind, kommen die türkischen Mädchen im Ghetto des „Gastlandes" Deutschland, wie etwa in Kreuzberg, häufig nicht einmal auf die Oberschule und sprechen schlecht deutsch. Ute Kling-Mondon zieht das Fazit: „Das Leben der türkischen Mädchen ist nicht freier geworden. Es macht mich traurig. Kreuzberg ist eine Diaspora. Hier ist man türkischer als in der Türkei. Türken aus Istanbul sind entsetzt über diese Vorsintflutlichkeit hier. Die Multi-Kulti-Idee, so gut ich sie am Anfang fand, so ärgerlich macht sie mich jetzt: Es wurde zugelassen, dass diese ungebrochen patriarchalische Art, Mädchen vom öffentlichen Leben fern zu halten, ihnen keine Selbstständigkeit und Individualität zuzubilligen, nicht hinterfragt werden musste."

Der König im Märchen ist so eine Art patriarchalischer, konservativer Vater, der der Tochter keine Sexualität zubilligt. Außerdem ist er von seiner eigenen Sexualangst geschüttelt. Er steht mit seiner eigenen Männlichkeit auf Kriegsfuß. Die Sexualität in seiner eigenen Ehe ist, wie wir sahen, nicht in Ordnung. Sie ist der glitschige „Frosch", der ausgesperrt wird und nicht bewusst werden darf. Der König sitzt auf einem Haufen von Verdrängungen. Es ist seine Angst vor der Sexualität, vor dem Dionysischen und Triebhaften, das er der Tochter nicht zumuten will. Indem er sie vor der animalischen Seite des Menschlichen „beschützt", bewahrt er sich selbst vor der Mutprobe des Eros.

Drewermann sagt es unübertrefflich präzise: „Ist die Stimme der ungebetenen Fee nicht im Grunde seine eigene? Er ist es, der die Berührung mit der männlichen Sexualität als derart gefährlich für seine Tochter erachtet, dass er ohne Warnung, ohne Verhaltensanweisung, ohne ‚Aufklärung‘ ausschließlich dafür Sorge tragen will, dass ‚so etwas‘ für seine Tochter gar nicht erst in Frage kommt. In der Welt, die dieser Mann seiner Prinzessin einrichtet, hat ganz einfach nicht zu existieren, was eine derart tödliche Energie entfalten könnte. Entweder kann er oder will er nicht sehen, dass seine Vorsichtsmaßnahmen letztlich ihn selber als Mann, als Person, unter Tabu stellen. In der Stimme der Fee vernimmt er die Sprache seiner eigenen Angst, aber abgespalten von sich selbst, als sein nach außen verlegtes Inneres als etwas Objektives, das zu ihm, als Subjekt und als Quelle aller Befürchtungen, redet wie etwas Fremdes."

„Der König", so heißt es im Märchen, „der sein liebes Kind vor dem Unglück gern bewahren wollte, ließ den Befehl ausgehen, dass alle Spindeln im ganzen Königreiche sollten verbrannt werden." Wie lieb ist das gedacht und zugleich wie lächerlich! Wer ein flügge gewordenes Mädchen im goldenen Käfig einsperrt, sollte sich nicht wundern, wenn das freche Gör zum ersten Rendezvous durchs Klofenster klettert. Eine Tochter bleibt auf die Dauer, Göttinnen sei Dank, kein „liebes Kind". Bleibt sie es, wider aller Entwicklungsgesetze der Pubertät und des Lebens doch, ist sie „kokonniert", das heißt eingeschnürt und seelisch verkrüppelt.

So ging es, wie ich in meinem Buch *Schneewittchen. Der Mutter-Tochter-Konflikt* analysiert habe, Maria, der Tochter der dominanten und narzisstischen Marlene Dietrich. Als das Mädchen bereits mit neun Jahren in Hollywood seine erste Blutung bekam, reagierte die Mutter völlig entsetzt. Der ewig junge Star wollte in unbewusster Rivalität das Frauwerden der eigenen Tochter – und damit das Eingeständnis des eigenen Älterwerdens – verdrängen. Prompt entfernte die Diva die Erwachsenenlektüre aus dem Sehwinkel der Tochter. Sie schüttete die „kleine Maria" mit Märchenbüchern zu und verordnete ihr Kleinmädchenkleider mit Puffärmeln…

In Dornröschens Familiensystem werden alle zu Verdrängern. Der Vater verdrängt seine Angst vor der Frau. Die Mutter verdrängt ihr Begehren nach einem sexuellen Mann und flüchtet in die pasteurisierte Frauenrolle der Mutter und Hausfrau. Dornröschen – man beachte die Verkleinerungsform des Weiblichen – lebt im Reich der seelischen Unschuld mit Märchenbüchern, Puppen und Schleifchen im Haar. Sie ist aggressionslos, konfliktscheu und passiv, auf die Dauer langweilig. Man möchte sie wie eine Puppe auf das Sofakissen setzen, das dekorative Mädchen.

Was als Sexualangst beginnt, metastasiert zum Krebsgeschwür einer allgemeinen Angst vor der Welt und ihren herrlich gefährlichen Reizen. Die Luft in diesem familiären Beziehungssystem wird abgestanden und muffig. Der frische Sauerstoff des Abenteuers, das nun einmal jedes Leben darstellt, fließt nicht herein. Vor allem der Vater ist es, der angstgetrieben immer wieder aufs Neue diese Bunkermentalität annimmt. Wie soll ein heranwachsendes Mädchen das Leben als eine Herausforderung begreifen, sich auf die Menschen und vor allem auf die

Männer in ihrer aufregenden und anregenden Einmaligkeit, Gefährlichkeit und Liebenswürdigkeit einlassen, wenn es einen solchen moralisierenden Gefängniswärter als Vater hat?

Vergessen wir nicht, als Kinder haben wir uns zunächst, manchmal bis über die Pubertät hinaus, im Modus der Identifikation entwickelt. Wir wollten sein *wie* der Vater, *wie* die Mutter! Aber auch von der Mutter kann Dornröschen nur eine duldende Rolle lernen. Eigentlich müsste man die Mutter „Dornrose" nennen, sie ist die platonische Uridee ihrer Tochter.

Dornröschen hat, wie wir dem Märchen entnehmen können, keine Freundinnen, keinen Freund, keine couragierten Lehrer. Sie alle könnten das Mädchen mit dem wahren Leben konfrontieren, ihm den guten Geschmack am Leben und seiner Wildheit vorleben und anbieten. Stattdessen lebt dieses Mädchen wie unter einer Glasglocke, fast mit seiner Schicksalsgenossin Schneewittchen im Glassarg vergleichbar. Drewermann sagt es auch hier wieder schön: „Die ganze väterliche Welt, in der ein solches Dornröschen aufwächst, ist darauf ausgerichtet, es vor einer tödlichen Bedrohung, die aller Orten lauern könnte, zu beschützen. Wohlgemerkt, das Kind wird nicht belehrt, selbst auf sich aufzupassen, wie es bestimmte Gefahren erkennt und vermeidet; ihm wird beigebracht, dass alles ringsumher derart gefährlich ist, dass man ihm jeden Kontakt aus reiner Fürsorgepflicht unmöglich machen muss."

Es wäre ja auch denkbar, dass der Vater und die Mutter sie über den richtigen und lustvollen Umgang mit der „Spindel" aufklären. Die Spindeln jedoch zu verbrennen und sie einfach unsichtbar zu machen, ist eine klassische Verdrängung, die das Gegenteil bewirkt. Nichts hält uns besser im Griff als das Verdrängte. Doch auf die Dauer müssen wir uns ihm stellen. So übertragen sich die „spindelfeindlichen" Ängste der Eltern auf die Tochter. Dafür braucht es kein mystisches „Sippenbewusstsein" nach Hellinger, das ist konkret erfahrbare, übertragene Realität und „erlernte Hilflosigkeit", wie die Psychologie sagt. Wenn Eltern mit ihrer geradezu totalitären Macht die ganze Welt in Farben der Angst tauchen, provozieren sie erst die eigentliche Gefahr: Die Versteinerung des Mädchens aus Angst.

Könnte der von der dreizehnten Fee prophezeite Tod nicht auch einen anderen, verborgenen Sinn haben? Um dieses Lebensjahr herum setzte früher – erheblich später als heute – die Menarche des Mädchens ein, sie wurde Frau. Das präsexuelle Kind in ihr starb unwiderruflich, das Weibliche in all seiner Dunkelheit und Erfüllung begann. So gesehen ist die Botschaft der dreizehnten Fee nicht einfach nur bedrohlich, sondern sie könnte das *Stirb und Werde* (Goethe) vom Mädchen zur Frau markieren.

Angela Waiblinger meint es so: „Die dreizehnte Fee, die dunkle, die Todesseite, das Weibliche in seiner abgründigen Tiefe, muss miteinbezogen werden in die Taten des Bewusstseins. Das fällt vielen Menschen schwer – nicht nur Männern, die oft Angst vor dem Weiblichen, sowohl vor der Frau als vor ihrer eigenen inneren Gefühlsseite, spüren, sondern auch Frauen, die manchmal auf Grund ihrer persönlichen Geschichte zu weit in eine bestimmte, das dunkle

Weibliche ausschließende Richtung gedrängt werden."

Das Wichtigste, was Erziehung zu leisten hat, ist, das Kind nicht zur Passivität sondern zum Selbertun zu führen. Daseinszweck des Kindes ist es, sein eigenes Leben zu leben. Durch Überbehütung blockieren Eltern die Individuation des Kindes, sie verwickeln es, jungianisch gesprochen, in einen klebrigen, symbiotischen Vater- und Mutterkomplex.

Jean-Jacques Rousseau (1712–1778) charakterisiert eine ermutigende und initiatorische Erziehung in seiner weltberühmten philosophischen Pädagogik anders: „Man denkt nur daran, sein Kind zu erhalten; das ist nicht genug. Man muss es auch lehren, sich zu erhalten, wenn es erwachsen ist, die Schläge des Schicksals zu ertragen, dem Reichtum und der Armut zu trotzen, auf Islands Eisschollen oder auf Maltas blühendem Felsen zu leben, wenn es sein muss."

Die Eltern Dornröschens meinen wie alle Eltern dieser Welt: „Wir wollen doch nur dein

Bestes." In Wahrheit richten sie das Kind jahrelang zu einer Marionette, einer mechanischen Gliederpuppe, ab. Ein Kind muss ermutigt werden, durch sich selbst und seine eigenen Triebfedern zu handeln, seine Neugier expansorisch auszuagieren. Dann erhält es das, was die Psychoanalyse die freie Verfügbarkeit der Libido nennen würde. Das Neue Testament sagt über diese grandiose Ichwerdung im Zeichen der Freiheit: „Alles ist Euer."

Das reiche, behütete Dornröschen ist, wie nicht wenige junge Mädchen und Frauen, im noch unentwickelten Kern seiner Persönlichkeit arm und einsam. Es könnte mit Hölderlins *Hyperion* sagen: „Freilich ist das Leben arm und einsam. Wir wohnen hier unten, wie der Diamant im Schacht. Wir fragen umsonst, wie wir herabgekommen, um wieder den Weg hinauf zu finden."

Dornröschen-Frauen könnten aber auch mit Hölderlins freiheitsdurstigen Helden hoffen: „Wir sind wie Feuer, das im dürren Aste oder im Kiesel schlägt; und ringen und suchen in jedem Moment das Ende der engen Gefangenschaft. Aber sie kommen, sie wägen Aeonen des Kampfes auf, die Augenblicke der Befreiung, wo das Göttliche den Kerker sprengt, wo die Flamme vom Holze sich löst und siegend emporwallt über der Asche, wo uns ist, als kehrte der entfesselte Geist, vergessen der Leiden, der Knechtsgestalt, im Triumphe zurück in die Hallen der Sonne."

Bis zu den „Hallen der Sonne" hat Dornröschen noch einen weiten Weg vor sich.

Die verborgene Kammer der Sexualität

Unter den seligen Göttern allein ist Eros, wenn das zu sagen erlaubt, und nicht zu vermessen ist, der Seligste, der Schönste und Beste.

Platon,
Das Gastmahl

Die Geschichte der Sexualität ist die Geschichte ihrer Unterdrückung – durch Eltern, Schule, Kirche, Gesellschaft, Gesetzgebung. Aber wo immer Unterdrückung ist, da ist auch Widerstand. Bruno Bettelheim formuliert diesen Optimismus so: „Wie sehr die Fassungen *Dornröschen* im Einzelnen auch voneinander abweichen mögen, das zentrale Thema ist doch überall das Gleiche, dass nämlich die Eltern, so sehr sie sich auch darum bemühen mögen, das sexuelle Erwachen ihres Kindes nicht verhindern können."

UNTER DEN SELIGSTEN GÖTTERN ALLEIN IST EROS DER SELIGSTE, SCHÖNSTE UND BESTE.
PLATON / DAS GASTMAHL

Diese Unmöglichkeit drückt das Märchen mit hinreißender Wahrhaftigkeit und erzählerischer Spannung aus. Das Mädchen ist „so schön, sittsam, freundlich und verständig, dass es jedermann, der es ansah, lieb haben musste". Mit absoluter Sicherheit wird eines Tages der Mann auftauchen, der sie nicht nur lieb haben, *sondern auch mit ihr schlafen will*. An ihm mag das Mädchen sich entflammen. Und es macht dann hoffentlich, wenn es an „den Richtigen" geraten ist, die Erfahrung, dass ein Mann – und auch der Eros mit ihm – schön ist.

Während alle Welt, von frühester Dichtung bis zu den modernen Medien, die Schönheit des Mädchens und seinen unwiderstehlichen Reiz feiert, wurde lange Zeit, besonders in der Mädchenlektüre, der Sexappeal des Mannes stiefmütterlich behandelt. Simone de Beauvoir konstatiert mit ihrem feministischen Jahrhundertwerk *Das andere Geschlecht*: „Die Wahrheit, dass für die Frau der Mann sexuell und körperlich anziehend ist, wurde nie verkündet, weil es niemanden gab, sie zu verkünden."

Aber das Märchen wird noch deutlicher in seiner Aussage über die Notwendigkeit dessen, was Dornröschen erfahren muss: „Es geschah, dass an dem Tage, wo es gerade fünfzehn Jahre alt war, der König und die Königin nicht im Hause waren, und das Mädchen ganz allein im Schloss zurückblieb." Wie das, fragt man sich. Da hat doch die dreizehnte Fee *expressis verbis*, mit unmissverständlichen Worten, vom „Tod" des Mädchens an seinem fünfzehnten Geburtstag gesprochen, und nun sind die Eltern ausgerechnet an diesem Tag nicht da! Sind es Rabeneltern? Vernachlässigen sie ihre Fürsorgepflicht? Haben sie die Warnung vergessen?

Natürlich nicht. Ganz im Gegenteil, in ihrer Besessenheit, die Tochter vor der Realität zu schützen, mussten sie insgeheim doch zulassen, dass sich das Mädchen eines Tages mit dem vermeintlich Lebensgefährlichen einlässt. Die Hoffnung von Eltern, die Tochter über die Zeit hinaus als eine *virgo intacta*, als „unbefleckte" Jungfrau, um es mariologisch zu formulieren, bewahren zu können, ist vergeblich und im Wortsinne widernatürlich. Da helfen keine Erlasse und Verbote, kein Pfui, kein Verstecken „anstößiger" Bücher, keine Puffärmel und keine Verweigerung sexueller Aufklärung. Wenn das Mädchen allein gelassen wird, macht es sich eben allein auf den Weg. Und wer sucht, der findet. Im Märchen heißt es über Dornröschen: „Da ging es allerorten herum, besah Stuben und Kammern, wie es Lust hatte, und kam endlich auch an einen alten Turm. Es stieg die Wendeltreppe hinauf und gelangte zu einer kleinen Türe."

Besser kann man es auf der Symbolebene gar nicht sagen. Offensichtlich haben die Eltern dem Mädchen bislang untersagt, den Turm und die unbekannte Kammer zu betreten. Wir kennen das Motiv der verbotenen Kammer aus dem Märchen *Blaubart*, hinter dem für die junge Frau das Geheimnis ihres seelischen Frauenmörders und damit die Notwendigkeit ihrer Selbstbefreiung verborgen liegt (vergleiche dazu M. Jung, *Blaubart. Die Befreiung der Weiblichkeit*, Lahnstein 2002). Gewiss symbolisiert der Gang über die Wendeltreppe, vom niederen Plateau des Schlosses zur lichten Höhe des Söllers, tiefenpsychologisch den Gang vom Unbewussten zum Bewussten, vom Keller des Nichtwissens zur Höhe der Weltorientierung. Aber der Turm in seiner signifikant phallischen Form und die verborgene kleine Kammer symbolisieren die sinnliche Begegnung mit dem Mann und das Erforschen des Gemachs des eigenen weiblichen Körpers und damit der Sexualität.

Das Märchen verstärkt diese sexuelle Symbolik mit mehreren Hinweisen: „In dem Schloss steckte ein verrosteter Schlüssel, und als es ihn umdrehte, sprang die Türe auf, und saß da in einem kleinen Stübchen eine alte Frau mit einer Spindel". Aus der Traumdeutung wissen wir, dass ein kleiner verschlossener Raum oft die Vagina symbolisiert; das Einführen und Umdrehen des Schlüssels in ein Schloss rückt metaphorisch den Geschlechtsakt ins Bild. Das Märchen wird noch deutlicher. Als die Königstochter die alte Frau beim Spinnen überrascht, fragt sie: „Was ist das für ein Ding, das da so lustig herumspringt?". Gemeint ist, gut freudianisch, der „hüpfende" Penis und die Sexualität des Mannes. Die Alte, der Archetypus der weisen Frau, macht das Mädchen mit der Realität des Sexuellen vertraut. Im banalen Alltag kann die Freundin eines Mädchens diese Funktion erfüllen. In dem Augenblick, wenn ein Mädchen oder eine junge Frau den uralten Schlüssel zum Zutritt in die verborgene Kammer des Eros mutig benutzt, hat sie die „Schlüsselfrage" ihrer Existenz gelöst: Frau zu werden.

Die Schlüsselfrage zu lösen, das Kind hinter sich zu lassen, wie von einer Raupe zum Schmetterling der Frau zu mutieren, das verlangt nach der Übertretung mittlerweile lähmender Verbote, es verlangt nach Ungehorsam. Kaum ein Märchen würde funktionieren, wenn die Heldin oder der Held nicht die Übertretung von Verboten wagten. Die seltsamen Irrwege und Prüfungen aus den Grimmschen Märchen sind mit Akten des zivilen Ungehorsams gepflastert. Maria Tatar sagt richtig: „Verbot/Übertretung: diese gepaarten Funktionen gehören zu den grundlegendsten Handlungssequenzen der Märchen. Sobald wir von den schrecklichen Konsequenzen erfahren, die allein aus dem Berühren einer Spindel resultieren, wissen wir, dass Dornröschen die einzige Spindel, die im Königreich ihres Vaters noch übrig ist, suchen und finden wird."

Die Entdeckung der verborgenen Kammer der Sexualität ist zugleich eine Konfrontation mit den unbekannten tiefen Aspekten des eigenen Selbst. Das kann grandios und überwältigend sein und zu einem kühnen Sprung der eigenen körperlichen und seelischen Entwicklung stimulieren. Es kann aber auch (auf Grund mangelnder Reife, elterlichen Verboten und einem diktatorischen Über-Ich) zunächst zu einem Absturz von beträchtlicher moralischer Fallhöhe führen. Im Märchen heißt es über Dornröschen: „Kaum hatte sie aber die Spindel angerührt, so ging der Zauberspruch in Erfüllung, und sie stach sich damit in den Finger. In dem Augenblick aber, wo sie den Stich empfand, fiel sie auf das Bett nieder, das da stand und lag in einem tiefen Schlaf." Hier hat sich eine – meist unsichtbare – Seelenkatastrophe ereignet, die zum Stillstand aller Energien führt. Dass der Stich der Spindel notwendig war, steht jedoch außer Frage. Nur: dieser schmerzhafte „Stich" kann, je nach dem Zeitpunkt und seiner Qualität, die eine Frau in den Tiefschlaf der Seele versenken, die andere zum Leben erwecken.

Das Letztere, Sexualität und erwachsene Hingabe als fundamentalen Entwicklungsschub im Leben einer Frau, erlebte Johanna, heute eine Diplomingenieurin mit einem ausgeprägt männlichen Wirkungskreis auf Baustellen. Tatsächlich war diese Hightech-Frau bis zu ihrem dreiundzwanzigsten Lebensjahr ein wahres Dornröschen gewesen. Dann, buchstäblich über Nacht, wurde alles anders. Johanna: „Meine Eltern waren streng evangelisch. Sie waren als Flüchtlinge aus dem Osten gekommen und mussten sich in einer katholischen süddeutschen Kleinstadt schwer behaupten. Sie haben sich mit einem kleinen Geschäft mühsam hochgerackert, ein Haus gebaut und uns zwei Töchtern ein Hochschulstudium finanziert. Die Spareri war fürchterlich. Aber das war nicht das Schlimmste. Vater hielt uns Mädchen unter Verschluss, wie man Marmeladegläser luftdicht abschließt. Wir durften nicht mit ins Landschulheim, wir durften nicht ins Freibad, wir durften nicht zum Tanzen und schon gar nicht durften wir einen Freund heimbringen. Beide Eltern waren sexuell prüde und verklemmt. Sie haben von morgens bis abends nur für uns geschuftet, das muss ich der Gerechtigkeit halber sagen.

Als ich schließlich mit achtzehn zu einem Jungen aus der Parallelklasse eine zarte Bindung entwickelte und meine Mutter uns Händchen haltend in der Fußgängerzone überraschte – wir hatten uns noch nicht einmal getraut, uns einen Kuss zu geben –, da gab es ein grauenhaftes Donnerwetter in der Familie. Mein Vater schlug mich am gleichen Abend. Er nannte mich eine ‚Hure' und verbot mir jeglichen Kontakt mit dem Jungen. Er rief bei den Eltern des Jungen an und drohte allen Ernstes, er werde die Polizei einschalten, wenn sie ihrem Sohn den Umgang mit mir erlaubten. Ich habe damals wochenlang nur geheult – und meine Liebe verraten."

Der Schock hielt lange an. Johanna, die ein hübsches Mädchen war, verblasste. Sie zog sich unvorteilhaft an. Sie verbarg ihre anmutige Weiblichkeit hinter Schlabberpullovern und „Altweiberröcken", wie sie sagte. Sie schminkte sich nicht. Sie kommunizierte mit Männern nur auf sachlicher und auf fachlicher Ebene. So ging sie ins Studium und blieb innerlich allein. Sie war der gute Kumpel, mehr nicht. Dornig wehrte sie Männer ab und schlug Einladungen aus. Sie ließ sich eine männlich-knappe Pony-Frisur verpassen und richtete sich auf ein Singleleben ein. Johanna: „Ich war fanatisch ehrgeizig im Studium. Ich absolvierte alle Fächer mit ‚sehr gut' und hatte nur Blick für meine Karriere. Noch immer war ich Jungfrau. Innerlich fühlte ich mich schrecklich allein."

Doch im Wortsinne über Nacht wurde alles anders. Johanna hatte einen Professor, der sie besonders förderte und offensichtlich auch privat mochte. Richard (Name, wie alle anderen auch, geändert – M. J.) lud die TH-Studentin ein, ihn auf eine Fachtagung zu begleiten. Johanna: „Richard gefiel mir. Er war ein großer schlanker Mann mit lustigen Augen und dichtem schwarzen Haar, aber er war achtzehn Jahre älter, er konnte ja fast mein Vater sein. Er war sehr attraktiv und außerdem verheiratet. ‚Unmöglich kann er mich kleine arme Kirchenmaus attraktiv finden', dachte ich. Wir unterhielten uns blendend auf der Tagung und verbrachten jede Minute miteinander. Wir lachten viel und erzählten uns Privates. Richard lebte in einer längst tot gewordenen Ehe. Am Abend des dritten Konferenztages lud er mich in unserem Hotel zu einem prachtvollen Festessen ein, das ich mir als Studentin gar nicht hätte leisten können. Anschließend saßen wir bei Kerzenlicht und

Champagner beieinander. Wie der Veuve Cliquot prickelte es auch zärtlich zwischen uns. Als Richard den Kellner bezahlt hatte, fragte er mich: ‚Kommst du heute Nacht zu mir?' Ich zögerte und gab keine Antwort."

Johanna saß zaudernd und noch angezogen in ihrem Hotelzimmer: „Ich hatte ungeheuerliche Angst, das Verbotene zu tun. Aber ich spürte, dass ich jetzt nicht vor der Situation davonlaufen konnte. Die Zeit war reif. Ich gab mir einen Ruck und schlich, die Stöckelschuhe in der Hand, die zwei Etagen zu Richards Hotelzimmer hoch." Es muss wie Dornröschens Erklimmen der engen Wendeltreppe im Turm der verbotenen Kammer der Sexualität gewesen sein. Johanna: „Richards Türe war unverschlossen. Ich machte sie auf. Er kam mir entgegen. Wir umarmten uns. Diese ‚verbotene' Liebe zu Richard hat meine weiblichen Komplexe schwinden lassen. Er hat mir Selbstbewusstsein gegeben und den Mut, ein neues eigenständiges Ich zu entwickeln. Auch wenn wir später auseinander gegangen sind, war und bleibt Richard mein Seelenführer in die Welt der Erotik und Selbstbestimmung. Wenn ich nicht ‚frech' geworden wäre, wäre ich eine vertrocknete Jungfer geworden. Ich bin ihm und meinem damaligen ‚Ungehorsam' so dankbar."

Das ist es. Ungehorsam müssen alle Dornröschen dieser Welt werden. Wenn sie es werden, dann erfüllen sie, letztlich auch im Sinn der Eltern, eine Urforderung des Lebens: Gehorsam und treu zu sich selbst zu werden. Der Dichter Franz Fühmann hat diese Botschaft in einem klugen Gedicht ins Bild gerückt:

Lob des Ungehorsams

*Sie waren sieben Geißlein
und durften überall reinschaun,
nur nicht in den Uhrenkasten,
das könnte die Uhr verderben,
hatte die Mutter gesagt.*

*Es waren sechs artige Geißlein,
die wollten überall reinschaun,
nur nicht in den Uhrenkasten,
das könnte die Uhr verderben,
hatte die Mutter gesagt.*

*Es war ein unfolgsames Geißlein,
das wollte überall reinschaun,
auch in den Uhrenkasten,
da hat es die Uhr verdorben,
wie es die Mutter gesagt.*

Dann kam der böse Wolf.

*Es waren sechs artige Geißlein,
die versteckten sich, als der Wolf kam,
unterm Tisch, unterm Bett, unterm Sessel,
und keines im Uhrenkasten,
sie alle fraß der Wolf.*

*Es war ein unartiges Geißlein,
das sprang in den Uhrenkasten,
es wusste, dass er hohl war,
dort hat's der Wolf nicht gefunden,
so ist es am Leben geblieben.*

Da war Mutter Geiß aber froh.

Der lange Schlaf

Viele Menschen sind im Dämmerschlaf, weil sie sich vor dem Wachsein fürchten.

Susanne Schäfer
Madame 11/2004

Eine unvergessliche Kränkung der Weiblichkeit, wie sie Johanna bei ihrem ersten zarten Liebeserlebnis durch ihre Eltern erfuhr, kann, wie wir sahen, zur lang anhaltenden Seelenstarre führen. Wenn der Schlaf, wie die antiken Philosophen sagten, ein „Bruder des Todes" ist, so bedeutet er hier die Narkotisierung aller vitalen Lebensantriebe. Es ist, als ob die eingeschüchterte und verletzte junge Frau einen Seelensuizid unternommen hätte. „Die meisten Menschen sind Mörder", bemerkt der polnische Aphoristiker Stanislav Jerzy Lec, „sie töten einen Menschen. In sich selbst."

WER SICH DER EINSAMKEIT ERGIBT,
ACH! DER IST BALD ALLEIN;
EIN JEDER LEBT, EIN JEDER LIEBT
UND LÄSST IHN SEINER PEIN.

GOETHE / WILHELM MEISTERS LEHRJAHRE, II, 13

Gerade Frauen neigen häufig dazu, sich dem elterlichen Seelenregime zu unterwerfen und als Sklavin ihrer Dressate und neurotischen Weisungen durchs Leben zu tappen. Das Leben selbst in die Hand zu nehmen bedeutete in ihrem Falle, es gleichsam den Eltern aus der Hand zu nehmen. Das hieße, die kindliche Abhängigkeit, Identifikation und die Sehnsucht nach totaler Sicherheit aufzugeben, die Auseinandersetzung und *Deidentifikation* zu wagen und sich von den Eltern abzunabeln. Denn je mehr die Eltern selber seelisch gehemmt sind, je mehr sie selbst die Leidenschaften und Triebe ihres Körpers verdrängen, desto mehr pflanzen sie diese Lebenshemmung auch ihren Kindern ein. Friedrich Nietzsche (1844–1900) diagnostiziert diese „Familienkrankheit" in seinem psychologisch raffinierten Werk *Menschliches, Allzumenschliches* so: „Die unaufgelösten Dissonanzen im Verhältnis von Charakter und Gesinnung der Eltern klingen in dem Wesen des Kindes fort und machen seine innere Leidensgeschichte aus."

All unsere Neurosen, also unsere Wahrnehmungs- und Handlungsverzerrungen, übertragen wir auf unsere Kinder, in denen sie Spuren hinterlassen. Hier werden die Grundlagen ihres Charakters gelegt. Eine Frau, die emotional und sexuell gestört ist, ist, wie die psychotherapeutische Arbeit immer wieder zeigt, zuvor meist als Kind oder Jugendliche gestört worden und fährt deshalb als Erwachsene aus Notwehr ihre Dornen aus. Das könnte man das *Dornröschen-Syndrom* nennen. Es ist pure Abwehr und Widerstand. Eugen Drewermann charakterisiert den langen Schlaf Dornröschens als eine hochproblematische Reaktionsbildung und Überlebensmaßnahme: „Wenn alle Triebregungen unter dem Schrecken der ersten sexuellen Erfahrungen ‚eingeschläfert' worden sind, werden auch die Ängste der Eltern mit ihren bewahrenden Vorsorgemaßnahmen zur Ruhe kommen beziehungsweise Ruhe geben. Wenn sich, wie im Todesschlaf, im Es nichts mehr regt, kann auch das Über-Ich sich beruhigt geben."

Warum dieses „Todeskommando" des elterlich geprägten Über-Ichs nicht zum finalen Erlöschen führt, das ist allein aus den positiven Lebensbotschaften zu erklären, die das Kind andererseits auch von den gleichen Eltern, den Großeltern, Geschwistern, Freunden und guten

Lehrern erfährt. So gesehen verkörpert die zwölfte Fee, die mit ihrer Intervention den Tod zu einem langen Schlaf mildert, symbolisch die positiven Elternanteile wie auch die Frohbotschaften der Umgebung, über die das beschädigte Kind noch verfügt. Annemarie, eine dreißigjährige Klientin von mir, brachte diesen lebensrettenden Antagonismus der Kindheit einmal auf die klassisch-prägnante Formel: „Meine Mutter wollte mich abtreiben, meine Oma hat mich wie ihr Kind geliebt."

Es gibt kein erschütternderes Bild für das Ungelebte in unserem Leben als den hundertjährigen Schlaf Dornröschens. Hundert Jahre – das ist nicht numerisch, also zahlenmäßig wörtlich, zu nehmen. Es bedeutet vielmehr die Qual dieser Jahre, die nicht aufzuhören scheinen. Es sind die Jahre, die wir, rückwirkend gesehen, in einer Art seelischem Wachkoma verdämmerten. Auch wenn eine Frau in dieser Zeit beruflich aktiv war, Kinder aufzog und ihrem Mann den Rücken freihielt, so hat sie doch nicht wirklich gelebt. Sie hat nur funktioniert. Das größte Übel, das dieser Frau zugefügt wird und das sie sich zufügen lässt(!), ist die Unterdrückung ihrer Lebensenergien, die Fremdbestimmung und Hemmung ihrer Antriebe, Wünsche und potenziellen Wildheit.

Schlimmer noch, eine solche Dornröschen-Frau nimmt die *Wolfsfrau* (Clarissa Pinkola-Estés), die frei jagen möchte, an die Leine und geht mit ihr Gassi. Das ist das Subdepressive, die bitter nach unten heruntergezogenen Mundwinkel, die verborgene Trauer in den Augen vieler enttäuschter Vierzigjähriger. Das Wort *Depression* kommt vom lateinischen Wort *deprimere, herunterdrücken*. Die Dornröschen-Frau weiß in ihrem seelischen Dauerschlaf nicht, was an *joie de vivre*, an Lebensfreude in ihr steckt. Deshalb kann sie mit ihren verborgenen Potenzen nicht umgehen.

Der „Anästhesist", der die Dornröschen-Frau eingeschläfert hat, muss im Übrigen nicht unbedingt ein autoritärer Vater oder eine herbe, liebesfeindliche Mutter sein. Auch der Ehemann eignet sich, in schlimmster Blaubartmanier, für diese Narkotisierung des Weiblichen. Die bekannte Schweizer Psychotherapeutin Julia Onken registriert in ihrer rasant freimütigen und lesenswerten autobiografischen Reflexion *Eigentlich ist alles schiefgelaufen. Mein Weg zum Glück* (München 2005): „Als Anhängsel im Dunstkreis eines Mannes zu leben, der sich durch irgend eine gehobene Position, eine politische Funktion oder einen akademischen Grad hervortut, ist wahrscheinlich die leidvollste weibliche Daseinsform. Werde ich jedoch als Frau eine eigenständige Person und entwickle meine eigene Identität, kann ich, ohne zu zögern, in aller Öffentlichkeit sagen: ‚Ich, Frau Dr. X, Rechtsanwältin, bin mit meinem Lebensgefährten, Herrn Y, Kellner in einer Pizzeria, zusammen.' Ich brauche keinen Mann als Identitätsstifter, ich bin selbst eine Persönlichkeit."

Der hochzeitliche Beischlaf darf nicht zum Dornröschenschlaf weiblicher Vernunft und Selbstabdankung werden. Julia Onken: „Es ist ein verheerendes Muster, dass wir unbewusst davon ausgehen, durch die Heirat falle die Last des Lebens jäh von uns ab. Irgendwo aufgehoben, aufgestiegen zur rechten Hand Gottes und dergleichen. Diese Bilder sind aber nicht von Natur aus in uns angelegt, sondern werden in unsere Vorstellungswelt hineingeträufelt und prägen unsere geheimen Wünsche ... Und jede Fernsehübertragung von dieser Art verfestigt die verheerende Vorstellung, die Erfüllung des weiblichen Daseins bestehe darin, sich über einen Mann den Logenplatz zu sichern, der einem die eigenen Mühen für immer und ewig abnimmt."

Erst wenn Frauen diese Dornenhecke, an deren krankhaftem Wachstum sie selbst einen Anteil haben, durchbrechen, kann die Welt blühen. Julia Onken: „Es besteht ein riesiges Potenzial an weiblichem Wissen, das aber eingekerkert ist und nicht zur Geltung kommt. Ich möchte dazu beitragen, dieses große, den Frauen innenwohnende Wissen nutzbar zu machen. Einmal für die Frauen selbst, die eingeschränkt auf einer Art Notinsel leben, dann aber auch für die Welt. Denn wenn die Frauen blühen, blüht auch unsere Erde."

Dornröschen-Frauen besitzen die fatale Charaktereigenschaft, diesen miefigen Schlaf selbst auch noch zu verlängern. Meist ist das für andere Menschen gar nicht sichtbar, gerade weil die Dornröschen-Frauen ja äußerlich so glänzend funktionieren. Oft hat dieser kranke Schlaf auch keine unmittelbar sexuelle Kränkung, sondern andere schwere familiäre Schädigungen als Ursache.

Cornelia (Name geändert), einundvierzig Jahre alt, hat mir dazu einen bewegenden Bericht geschrieben. Äußerlich gesehen drehte sich ihr Herzeleid um den Komplex Adipositas und Esssucht, wie ich sie in meinem Buch *ÜberGewicht. Der Kampf mit dem eigenen Körper* (Lahnstein 2005) beschreibe. Hören wir den ersten Teil ihrer Schmerzensgeschichte: „Bis zu meiner Hochzeit im Alter von zweiundzwanzig Jahren war ich immer schlank, auch wenn ich der Meinung war, dass mein Bauch und meine Beine zu dick seien. Wie viele junge Frauen hatte ich da wohl eine etwas ‚verschobene Wahrnehmung'.

Ein halbes Jahr danach wurde ich zum ersten Mal schwanger. Nach der Geburt meiner Tochter dauerte es einige Zeit, bis meine Figur wieder einigermaßen die alte war. Fast genau ein Jahr nach der Geburt des ersten Kindes wurde ich erneut schwanger. Das Ausgangsgewicht war exakt das gleiche. Nach der Geburt meines Sohnes war die Lage aber anders. Die Kilos blieben – sie nahmen sogar eher zu statt ab. Da ich dieses Mal erfolgreich stillte, war es mit einer ‚Diät' nicht so einfach, ich wollte das Stillen auch nicht gefährden. Der Stress durch unseren Sohn – er war ein Schreikind und brüllte die ersten vier Monate sehr viel (später wurde ADHS diagnostiziert) – war enorm. Ich begann aus Frust und Überlastung viel zu naschen. Zwei Jahre nach der Geburt ging ich zu ‚Weight Watchers' und nahm erfolgreich etwa zehn Kilo ab. Ich war stolz und fühlte mich prima. Auch meinem Mann gefiel diese Figur. Die sexuelle Beziehung verbesserte sich erheblich. Es dauerte nicht lange, drei Jahre nach dem zweiten Kind klopfte der Klapperstorch erneut an die Tür. Unser zweiter Sohn wurde geboren. Auch dieses Mal stillte ich lange und nahm im Laufe der Zeit wieder eher zu als ab.

Die Belastung durch die drei Kinder, die Schwiegereltern wohnten unter uns – was nicht immer nur Entlastung, sondern mindestens genau so oft eine Belastung war –, machte mir mein Hausfrauen- und Mutter-Dasein nicht leicht. Mein Mann ging den ganzen Tag seiner Arbeit außer Haus nach. Er übernahm in einer Forschungsgruppe immer mehr Verantwortung und kam abends müde und geschafft nach

Hause. Im Laufe der Jahre machte ich wieder und wieder ernsthafte und teilweise auch erfolgreiche Versuche abzunehmen und mein Essproblem in den Griff zu bekommen, aber nichts war von Dauer. Kurze Zeit später brachte ich mehr Gewicht als vor der Abmagerungskur auf die Waage.

Auch mein Körper meldete sich mit der Zeit zu Wort. Ich hatte regelmäßig Schwächeanfälle, wahrscheinlich durch Unterzuckerung durch meinen nicht unerheblichen Süßigkeitenkonsum. Wenn ich die Naschereien wegließ, hatte ich keine Probleme, doch schaffte ich das auf Dauer nicht. Meine körperliche Belastungsfähigkeit war eingeschränkt. Bei Wanderungen schnaufte ich nach kurzer Zeit wie ein Walross, musste Pausen einlegen, konnte mit den anderen einfach nicht mithalten.

Was mich auch sehr störte, war die Schwitzerei. Von morgens bis abends lief mir der Schweiß über den ganzen Körper. Mein Haarschnitt war eher männlich-kurz, denn längere Haare wären zu warm gewesen. Handschuhe, Mütze und Stiefel brauchte ich auch im kältesten Winter nicht, ich dampfte immer aus allen Poren. Dabei dann noch wirklich gepflegt auszusehen, war eigentlich ein unlösbares Problem.

Als ich 1994, nach drei Jahren Altenpflege in der Familie (erst Schwiegermutter, dann den Schwiegervater bis zum Tode gepflegt) mir innerhalb von sechs Wochen zwei Mal einen Mittelfußknochen im rechten Fuß brach, war mir schon klar, dass mein Gewicht zu viel war, doch ich konnte es nicht alleine ändern. Als ich 1995 von der Krankenkasse in Kur geschickt wurde, nahm ich innerhalb von vier Wochen etwa acht Kilo ab. Ich nahm mir ernsthaft vor, nie wieder so dick zu werden. Leider hielt auch dies nicht an, denn die Grundursache war immer noch nicht behoben."

Was war Cornelias Grundproblem? Noch wissen wir es nicht. Sie wusste es auch nicht. Cornelia: „Nach fast achtzehn Jahren Hausfrauendasein begann ich 1995 wieder in meinem Beruf als Hebamme zu arbeiten. Der Einstieg fiel mir nicht leicht, denn ich arbeitete auf einer Entbindungsstation, wo ich noch nie gearbeitet hatte. Die Einarbeitung durch die Schwestern war miserabel. Ich begann nach einem Jahr in meiner Freizeit im Kreißsaal zu hospitieren und konnte ein halbes Jahr später erfolgreich in den Kreißsaal wechseln. Dort begann ich auch zu Fortbildungen zu gehen. So kam ich an eine Weiterbildung mit dem Thema: ‚Beratung von Eltern mit Schreikindern', was mich durch die eigene ehemalige Betroffenheit sehr interessierte. Diese Weiterbildung bestand aus zwölf Wochenendseminaren innerhalb von achtzehn Monaten. Sie waren voll gepackt mit Theorie und auch Selbsterfahrung, wie Wahrnehmungsübungen und Rollenspielen. Die Theorie war kein Problem für mich, aber diese Wahrnehmungsübungen!!! Ich merkte schnell, dass ich irgendwie anders war als der Rest der Gruppe. Ich wusste nur nicht, was anders war und wie ich das ändern konnte.

Was die anderen wohl fühlten?!? In mich reinspüren – ich wusste gar nicht, wo das ist. Wie sollte ich das machen? Wie sollte ich merken, dass ich auch richtig bin? Gefühle – ja, ich hatte schon einmal ein Gefühl, aber was war das wirklich? Und wo war es geblieben? Ich saß oft da wie das sprichwörtliche Kind vor dem Dreck, traute mich aber nicht, etwas zu sagen. Irgendwie mogelte ich mich durch diese Übungen."

Dornröschen-Frauen mogeln, bis sie eines Tages auffliegen. Cornelia: „Am letzten Tag dieser Ausbildung passierte etwas, das mich zum ersten Mal aus der Bahn warf. Ich stand im Raum und schaute einen Foto-Index an, um meine Wunschbilder auszusuchen, als eine andere Teilnehmerin es mir, ohne ein Wort zu sagen, aus der Hand nahm und selber ansah. Ich war wie vom Donner gerührt. Sofort schossen mir Tränen in die Augen. Das hatte ich seit mindestens fünfunddreißig Jahren erfolgreich verhindert. Ich hatte meine liebe Not, die Ruhe und meine Gelassenheit zu bewahren. Ich wollte, dass niemand etwas merkt. Die Ausbilderin bekam es natürlich sofort mit, aber ich ließ sie nicht an mich ran. Ich hatte damals keinerlei Ahnung, was mit mir geschehen war! Ich hatte bis zum Ende des Seminars meine Last mit mir, dass ich mich wenigstens einigermaßen beruhigte. Auf dem Heimweg, wir fuhren zu zweit, erzählte ich einen winzigen Teil der Geschichte und bekam als Antwort das Buch ‚Das Kind in uns' von John Bradshaw. Ich ‚verschlang' das Buch und fand mich auf vielen Seiten wieder. Ich hatte aber immer noch keine Ahnung, was mit mir passiert war und was Gefühle eigentlich sind!!!

Zu dieser Ausbildung gehörte auch eine lange Reihe von Selbsterfahrungen, die wir zu absolvieren hatten. Für mich war schnell klar, dass ich diese Liste jetzt ‚abarbeiten' wollte. Unter anderem war auch entweder ein Bonding-Workshop oder eine Festhalte-Sitzung vorgesehen.

Im September 2002 war ich zum ersten Mal in der „Hirsenmühle", einem Therapiezentrum in Oberzeuzheim bei Limburg. Was mich da erwartete, war für mich unbeschreiblich. Da waren Frauen und Männer, die einfach dasaßen und weinten, schluchzten, wütend waren und das alles öffentlich zeigten!!! Wohin war ich geraten? War das hier ein Irrenhaus? Ich war schließlich nicht freiwillig dort. Wenn ich meine Teilnahmebescheinigung am ersten Tag erhalten hätte, ich glaube, ich wäre gleich wieder abgefahren. Aber brav, wie ich nun einmal war, habe ich alles, so gut ich konnte, mitgemacht. Irgendwie spukte der Gedanke in meinem Kopf herum, dass ich sonst vielleicht die Teilnahmebescheinigung nicht erhalten würde."

Beim tiefen Gang durch den Schmerz begann Cornelia durch diese Körperarbeit, den Seelenschlaf zu beenden und die Dornenhecke ihrer bisherigen Schnoddrigkeit zu verlassen: „Jetzt wurde mir klar, dass ich vorher nicht wirklich gelebt hatte. Ich hatte fantastisch funktioniert. Ich hatte meine Arbeit, ob zu Hause, im Krankenhaus oder in meiner inzwischen begonnenen Freiberuflichkeit immer gut gemacht, doch gelebt, so wie ich es heute, zweieinhalb Jahre später, verstehe, hatte ich nicht!!! Ich hatte immer alles getan, was Eltern, Schwiegereltern, Ehemann, Kinder oder Kolleginnen von mir erwartet hatten oder was ich gedacht habe, dass sie es von mir erwarten. Heute weiß ich, dass ich Gefühle seit meiner Pubertät nicht mehr zugelassen habe. Meine Eltern hatten beide Schwierigkeiten mit ihren eigenen Gefühlen. Außer gemäßigter Freude – die Hausbesitzer wohnten direkt unter uns und wären sonst gestört geworden – durften wir vier Kinder nichts zeigen, weder Schmerz, Wut, Ärger und Trauer, noch überschäumende kindliche Lebensfreude. Alles war verboten.

Ich höre noch heute meine Mutter zu mir sagen: ‚Cornelia, du brauchst jetzt gar nicht auf die Tränendrüse zu drücken, das hilft dir auch nicht.' Man muss das nur oft genug als Kind gehört haben, irgendwann hat man sich dann abgeschaltet. Die letzten Tränen vergoss ich etwa mit vierzehn Jahren, wie immer alleine vor mich hinweinend. Ich kann mich bis heute nicht erinnern, dass ich von meiner Mutter einmal tröstend in den Arm genommen wurde, wenn ich Kummer hatte, weder als Kind, noch als erwachsene Frau. Selbst wenn wir uns ein Jahr nicht gesehen hatten, gab sie mir zur Begrüßung oder Verabschiedung immer die Hand. Als ich mich drei Tage vor ihrem doch überraschenden Tod von ihr verabschiedete und sie von mir aus in meine Arme nahm, wurde sie steif wie ein Brett, so überrascht war sie. Für sie war es sicherlich ein Angriff, aber ich bin heute noch froh, dass ich das getan habe."

Bitter ist für Cornelia ihre jahrzehntelange Gefühlsanästhesie: „Auch ich hatte meine Gefühle total im Griff. Beim Tod meiner Mutter (fast einundsiebzig Jahre) habe ich, genau so wie beim Tode meines Vaters (knapp siebzig Jahre), elf Jahre vorher, keine Träne vergossen. Es ist, wie es ist und lässt sich nicht ändern. Auch gab ich ihnen die Schuld an ihrem frühen Tod, denn sie waren beide etwa fünfzig Jahre lang starke Raucher.

Angst habe ich nur gespürt, wenn meine Kinder irgendwie bedroht waren. Dann habe ich auch die Liebe zu ihnen gefühlt, was ohne die Angst wiederum für mich nur schwer wahrnehmbar war. Klar hätte und habe ich alles für sie getan, aber wirklich gespürt habe ich die Liebe nur selten.

Die meisten Gefühle kannte ich nur aus Romanen. Heute weiß ich, dass ich lesesüchtig war. Kein Buch war vor mir sicher, und ein Tag, an dem ich nichts gelesen habe, war ein schlechter Tag. Ich sorgte schon dafür, dass ich möglichst viele gute Tage hatte. Zeit zum Lesen habe ich mir, auch als Hausfrau selbst im größten Trubel, immer genommen. Lieber habe ich auf Schlaf verzichtet als aufs Lesen. Nur im Buch habe ich gelebt.

Im Laufe der Jahre habe ich um mich herum eine Schutzschicht aufgebaut. Zum einen war das eine verbale Abwehrmaßnahme. Vorwiegend Männer wurden von mir attackiert, zwar auf lustig-provozierende Art, frei nach dem Motto: ‚Mein Angriff ist meine beste Verteidigung.' Damals wunderte ich mich, dass ich das nicht mit allen Männern machte, ahnte aber den Grund nicht. Heute weiß ich, dass ich die sanften, ruhigen und friedfertigen Männer verschonte. Alle anderen hielt ich mit meinem scharfen Mundwerk in Schach. Es machte mir auch große Freude, selbst wortgewandte Männer sprachlos zu sehen. Für mich war das fast wie eine sportliche Herausforderung. Eigentlich hätte ich damals einen Waffenschein für meine freche Klappe gebraucht. Dabei habe ich sicher auch des Öfteren Grenzen überschritten, habe aber niemals mit Absicht andere verletzt.

Die andere Schutzschicht war mit der Zeit eher zu einer Mauer geworden. Ich wollte niemanden nah an mich heranlassen. Damit das auch ja nicht geschehen konnte, habe ich meine Körpergrenzen entsprechend erweitert. Das heißt, ich habe zum Zeitpunkt des Workshops etwa fünfunddreißig Kilo mehr gewogen als zur Hochzeit. Das sind dann knapp eineinhalb mal so viel wie sechsundzwanzig Jahre vorher! Auch bei einer Größe von 182 cm ist das eine ganze Menge. Ich hatte mir einen Kokon, eine Schutzhülle zugelegt, die mein verletzliches Inneres verbarg. So konnte ich jeden in meiner Umgebung in einem gewissen sicheren Abstand halten, niemand konnte mir zu nahe treten, dafür hatte ich selbst gesorgt."

Dornröschen Cornelia fraß sich in den Seelenschlaf: „Ich habe gegessen, viel gegessen, manchmal regelrecht gefressen. Nur wenn ich innerlich prall gefüllt war, spürte ich etwas. Manchmal aß ich, bis mir schlecht war. Kaum ging es mir etwas besser, schon stopfte ich wieder – meist Süßes – in mich hinein, und alles fing wieder von vorne an. Ich habe oft heimlich gegessen. Keiner durfte es sehen, denn dann hätte ich mir Vorwürfe und Vorhaltungen anhören oder ich hätte teilen müssen. Zu beidem hatte ich keine Lust. Im Grunde genommen hatte ich immer ein schlechtes Gewissen, denn ich wusste ja, dass es einerseits ungesund war, was ich tat, andererseits war mein Übergewicht ein Problem, über das ich mit niemandem sprechen wollte.

Heute weiß ich, dass dies damals meine einzige Möglichkeit war, mit den vielfältigen Belastungen fertig zu werden. Ich wollte meinen Schwiegereltern alles recht machen. Ich traute mich nur selten, ihnen meine Meinung zu sagen und blieb lieber still. Mein Mann hat zwar im Beruf ‚seinen Mann gestanden', zu Hause wagte er auch nicht, etwas gegen seine dominierende Mutter zu sagen. So waren wir kindliche Eltern, die nie richtig erwachsen wurden. Immer richteten wir uns nach Schwiegermutters Wünschen, ob sie die aussprach oder nicht. Wir haben den vorauseilenden Gehorsam perfektioniert. Ich tat alles, um meinen Mann, meine Kinder und meine Schwiegereltern zufrieden zu stellen. Ihre Wünsche waren fast wie Befehle für mich."

Dornröschen-Existenz und Helfersyndrom bilden oft eine Zwangsehe. Cornelia erinnert sich: „Dann erkrankte meine Schwiegermutter an Bauchspeicheldrüsenkrebs. Ich pflegte sie vier Monate lang, bis sie zu Hause starb. Dann ‚erbte' ich meinen knapp achtundachtzigjährigen Schwiegervater. Er starb fast zweieinhalb Jahre später, nach einer anstrengenden Zeit, in der er immer vergesslicher und pflegebedürftiger wurde. Ich hatte in der ganzen Zeit keine Hilfe, weder aus der Verwandtschaft noch professionell, nicht einmal eine Putzfrau. Meine Ansprüche an mich, alles alleine zu schaffen – schließlich ging ich ja nicht arbeiten –, waren riesengroß. Die Familie half, wo sie konnte, aber die Hauptlast lag auf mir. In dieser Zeit hatte ich auch die Überlastungsbrüche im rechten Mittelfuß. Meine Hausärztin sagte danach zu mir, dass ich einen schweren Gang hätte und meine Aggressionen in den Boden stampfen würde. Erst war ich entsetzt, ich musste aber bald feststellen, dass sie Recht hatte. Immer wenn ich später Beschwerden im Fuß hatte, war unterdrückte Wut im Spiel.

Das Wohl aller lag mir sehr am Herzen, nur mein eigenes nicht. Für mich blieb keine Kraft übrig, ich kam immer als Letzte dran. Da blieb am ehesten die schnelle ‚Befriedigung' durch Essen und Lesen. Was ich mir da angetan habe, weiß ich heute. Damals ahnte ich es vielleicht. Ich hatte aber weder die Kraft noch das entsprechende Hintergrundwissen. Ich war einfach noch nicht so weit.

Ich habe meine Gefühle nicht gespürt, aber auch nicht meinen Körper. Alles war gut abgepolstert und verpackt, schützte meine verletzte Seele. Ich ließ keinen Schmerz, keine Trauer, nur ganz selten Wut und Ärger zu. Aber auch die Freude konnte ich nicht wirklich genießen. Ich war eine lebende Tote. Ich spürte eher die Gefühle der anderen, fühlte, was sie brauchen und wie es ihnen geht, als dass ich auch nur ansatzweise mich wahrgenommen hätte."

Bitterer kann man es nicht sagen: „Ich war eine lebende Tote." Uns nicht ändern und weiterentwickeln zu wollen, heißt im todesähnlichen Schlaf der Seele zu verharren. Während dieses Schlafes ist natürlich auch die Schönheit der Dornröschen-Frau frigide, eingefroren. Sie isoliert sich in ihrem Narzissmus.

Bruno Bettelheim analysiert dieses Dornröschen-Schicksal mit den Worten: „Ein narzisstisches Sich-in-sich-selbst-zurückziehen ist eine verlockende Reaktion auf die Spannungen der Adoleszenz, (des Erwachsenwerdens – M. J.), aber die Geschichte lehrt, dass es zu einer gefährlichen, todesähnlichen Existenz führt, wenn man sich ihr als einer Flucht vor den Abenteuern des Lebens hingibt. Dann stirbt für den Betreffenden die ganze Welt ab. Das ist die symbolische Bedeutung und Warnung des todesähnlichen Schlafes, in den alle in der Umgebung von Dornröschen verfallen. Die Welt wird nur für den lebendig, der für sie erwacht. Nur wenn wir zu anderen in positive Beziehungen treten, ‚erweckt' uns das aus der Gefahr, unser Leben zu verschlafen ... Nur wenn aus dem Mädchen die Frau wird, kann das Leben weitergehen."

Die Dornenhecke: Abwehr und Widerstand

*Wer Dornen sät,
soll nicht barfuß gehen.*

Französisches Sprichwort

Der lange Schlaf des Dornröschens ist zugleich der Seelenschlaf seiner Eltern. Sie verharren in der Angst vor dem Leben, vor seiner Wildheit und seiner dionysischen erotischen Qualität. Das Märchen drückt die bleierne Schwere dieses ungelebten Lebens einer ganzen Familie symbolisch mit überwältigender Plastizität aus: „Dieser Schlaf verbreitete sich über das ganze Schloss: Der König und die Königin, die eben hereingekommen und in den Saal getreten waren, fingen an einzuschlafen und der ganze Hofstaat mit ihnen. Da schliefen auch die Pferde im Stall, die Hunde im Hofe, die Tauben auf dem Dache, die Fliegen an der Wand, ja, das Feuer, das auf dem Herde flackerte, ward still

BEI DEN WENIGSTEN GEFÄNGNISSEN
SIEHT MAN DIE GITTER.

DEUTSCHES SPRICHWORT

und schlief ein und der Braten hörte auf zu brutzeln, und der Koch, der den Küchenjungen, weil er etwas versehen hatte, an den Haaren ziehen wollte, ließ ihn los und schlief. Und der Wind legte sich und auf den Bäumen vor dem Schloss regte sich kein Blättchen mehr."

Die ganze Natur erstirbt gleichermaßen. Es gibt keinen Wind mehr im Leben. Ja, das Leben verschwindet förmlich. Es wird gleichsam unsichtbar, wie es das Märchen eindrucksvoll ins Bild rückt: „Rings um das Schloss aber begann eine Dornenhecke zu wachsen, die jedes Jahr höher ward und endlich das ganze Schloss umzog und darüber hinaus wuchs, dass gar nichts mehr davon zu sehen war, selbst nicht die Fahne auf dem Dach."

In der Sache identisch hat es Cornelia im letzten Kapitel beschrieben: „Im Laufe der Jahre habe ich um mich herum eine Schutzschicht aufgebaut." Ihre Dornenhecke waren einmal der Fettpanzer von fünfunddreißig Kilo Übergewicht, zum anderen ihre „verbalen Abwehrmaßnahmen" gegenüber Männern. Je mehr Leid in den Kavernen der Seele verbunkert ist und nie ans

Tageslicht des Bewusstseins geholt wurde, um erinnert, beweint, bewütet, begriffen und beendet zu werden, desto stärker ist der Dornenverhau von Abwehr und Widerstand.

Manche Männer verzweifeln an solchen Frauen. Sie lieben und begehren ihre Schönheit, aber sie begreifen nicht die Unzahl der schmerzhaft verletzenden Dornen. Entmutigt brechen manche Männer ihre Liebe ab und gehen, um das Herz einer anderen, liebesfähigeren Frau zu gewinnen. Die solcherart im Stich gelassene Dornröschen-Frau und der flüchtende Mann leiden beide an dem Unheil, dessen Ursache sie nicht verstehen. Natürlich, Liebe ohne Leid kann es nicht geben, aber hier ist der Preis zu hoch. Auch der Mann der Dornen-Frau ist ja umso ungeschützter gegen das Leiden, desto mehr er seine dornige Frau liebt.

Vergessen wir nicht, Dornröschen sind nicht nur arme Opfer, sie teilen auch kräftig Hiebe aus. Sie sind spitz und stachelig wie eine Dornenhecke, kratzbürstig und seelisch abgeschottet wie der Tresor von Fort Knox mit seinen Goldschätzen. An ihr Herzensgold lässt die

Dornröschen-Frau keinen Mann heran. Sie speist ihn ab mit Kupfermünzen. In der Sexualität ist sie oft anorgasmisch und ohne Hingabe, ein Unglücksfall für sich selbst und den Partner. Sie liebt und kann doch nicht lieben. Sie hat Gefühle und kann sie doch nicht zeigen. In dieser Unerlöstheit und Stacheligkeit macht sie sich und dem Mann das Leben schwer. Der Mann steht vor der Dornenhecke ihrer gestaffelten Abwehrmaßnahmen und verhungert dabei seelisch förmlich. Wir haben das bereits bei „Dornröschen" Stephanie und Michael im Eingangskapitel dieses Buches gesehen.

Dornröschen-Frauen sind seelische Hungerharken, mentale Magersüchtige, die strikt darauf achten, nicht auch nur ein Gramm Seelenfett anzusetzen. Das verträgt sich nur zu gut mit einem körperlichen Fettpanzer. Sie fühlen sich nicht liebenswert und machen sich deshalb auch nicht liebenswert. Sie erlauben sich nicht, weich zu sein, und agieren deshalb in Körpersprache und Worten aggressiv. Sie schlafen psychisch und sind physisch exaltiert und spitzig. Das sind die zwei Seiten ihrer gespaltenen Persönlichkeit. Wer nur das Dunkle und Dornige einer solchen Frau sieht, der begreift nur die Hälfte. Er sieht das verborgene Leid der Dornen-Frau nicht. Dabei ist im Schmerz, wie Nietzsche in *Die fröhliche Wissenschaft* meint, „so viel Weisheit wie in der Lust".

Diese verborgene Weisheit ihrer Schmerzen herauszufinden, das wäre die Aufgabe der Dornröschen-Frau. Stattdessen vermauert sie sich gegen den Schmerz. Ich erinnere mich noch gut, wie ich am Anfang meiner therapeutischen Arbeit so einer Dornröschen-Frau von erschreckender Stacheligkeit begegnete. Nennen wir sie, wie alle anderen Frauen in diesem Buch, mit einem anderen Namen, Silvia. Sie war mager, körperlich eher männlich karg und litt unter Psoriasis. Vor allem aber war sie kratzbürstig und gelegentlich so fies und ekelig, dass sie meine therapeutische Geduld und Zuversicht massiv auf die Probe stellte. Ich habe an dem weiblichen Raubein Silvia viel gelernt, vor allem ein realistischeres Frauenbild. Warum sie ausgerechnet zu mir als männlichem Therapeuten kam, war mir anfangs unerfindlich. Denn sie hasste alle Männer und machte auch kein Hehl daraus – „Ihr Männer seid doch alles Lumpen" oder: „Männer sind wie Zugvögel –

kaum sind sie hier, schon sind sie wieder fort" waren einige ihrer Kernsätze.

Silvia gab zwei Gründe für ihre Therapie bei mir an. Die Dermatologin habe ihr zu verstehen gegeben, dass sie, Silvia, „austherapiert", also unheilbar hautkrank sei. Zum Zweiten sei ihr innerhalb von fünf Jahren bereits der dritte Mann getürmt. Die fünfundzwanzigjährige Silvia, Zugbegleiterin von Beruf, spürte Leidensdruck. Sie erklärte realistisch: „So kann es nicht weitergehen!"

Was Silvias Hautkrankheit anging, wusste ich dank der Ernährungslehre von Dr. M. O. Bruker gut Bescheid und konnte ihr helfen. Der konsequente Verzicht auf tierisches Eiweiß, also Fleisch, Fisch, Wurst, Käse, Milch, Quark, Joghurt und Eier, ließ die Psoriasis deutlich schwächer werden. Ganz verschwand sie nicht. Das war kein Wunder, denn Silvia fühlte sich, tiefenpsychologisch gesprochen, in ihrer Haut nicht wohl.

Was nun kam, war der schwierigste Teil der Therapie. Ich rang mit Silvia wie Jakob mit dem

Engel. Ich war fixiert auf den Gedanken, dass ihre auffällige Aggression und Abwehr wohl mit einem aggressiven und abwertenden Elternhaus zu tun haben müsse. Ich bestürmte sie mit Fragen, ließ sie Bilder zeichnen, machte den Assoziationstest nach C. G. Jung, führte sie durch die Fotoarbeit mit ihren alten Kinderbildern. Kurz, ich unternahm alles, um möglichst einen „bösen" Vater ausfindig zu machen. Alle Spuren führten ins Leere.

Der Vater erwies sich als liebevoll zugewandt, lebensfroh und als ein bodenständiger Handwerker, der seinen drei Kindern eine wundervolle Holzhütte auf dem familiären Seegrundstück baute, Fahrräder reparierte, mit ihnen Ausflüge machte und sie, wann immer er konnte, selbst ins Bett brachte. Die Mutter war sein ebenso gutherziges und die Kinder beschützendes Pendant. Der Schulbesuch von Silvia war konfliktlos, ebenso ihre Ausbildung. Ich war ratlos. Silvia gab nichts Dunkles aus ihrem Leben preis. Ich wusste nur, dass sie alle Männer in ihrem Leben grottenschlecht behandelte und sie dadurch, gegen ihren eigenen Willen, in die Flucht jagte.

Bei der zweiten Fotoarbeit entdeckten wir plötzlich etwas Fatales. Bis etwa zum elften Lebensjahr zeigten die von ihrem Vater aufgenommenen Amateurfotos Silvia als ein fröhliches, sich im Lächeln verströmendes Geschöpf von wonnigem Kinderspeck. Dann erschien sie auf einem Foto als Fünfzehnjährige, bei der Konfirmation aufgenommen, abgemagert, grau, wie desillusioniert und mit traurig-ernstem Gesichtsausdruck. Silvia schwieg zu diesem Foto. Ich bat sie, das Foto auf Posterformat zu vergrößern, es über ihrem Bett aufzuhängen und mit ihm zu sprechen.

Bei der nächsten Stunde war es dann so weit: Silvia brach in Tränen aus. Unter Schluchzen „gestand" sie mir, dass ihr älterer Bruder sie vom elften bis zum vierzehnten Lebensjahr sexuell missbraucht hatte. Das war das Geheimnis und der Abgrund ihres Lebens. Da war der böse Stich der Spindel. Zu keinem, nicht einmal zu ihrer besten Freundin, hatte sie je darüber gesprochen. Seit dem Missbrauch hatte sich Silvia wie ein Igel in sich zusammengerollt und ließ keinen Menschen, schon gar nicht einen Mann, innerlich an sich heran. Silvia: „Mit manchen Männern habe ich ein Mal geschlafen und sie am nächsten Morgen aus meiner Wohnung geschmissen. So groß war mein Hass auf alles, das männlich ist."

Es war ein langer Weg mit Silvia. Das erste Mal kroch sie in einer meiner Selbsterfahrungsgruppen aus ihrer Dornenhecke heraus. Ich hatte die Männer in dieser Gruppe gebeten, Silvia, die mit geschlossenen Augen auf einer Matte lag, ganz zart wie ein Neugeborenes hochzuheben und sie lange auf den Armen zu wiegen, sie anschließend wieder auf die Matte zu legen, sie mit einer Hand zu berühren und der „neugeborenen" Silvia Worte der Liebe und Wiedergeburt zuzuflüstern. Silvia weinte. Diesmal vor Ergriffenheit. Seit dieser Stunde kehrte Dornröschen Silvia in die schöne Welt und auf den Planeten der Männer zurück.

Was Silvia erlebte, die Rückkehr in die Hingabe und Bezogenheit zu anderen Menschen und die Aufgabe ihrer lebenshemmenden Abwehr, das habe ich in der Aussage des Arztes und Psychoanalytikers O. G. Wittgenstein theoretisch wiedergefunden. Er schreibt in seinem Werk *Märchen, Träume, Schicksale. Autorität, Partnerschaft und Sexualität im Spiegel zeitloser Bildersprache* (Frankfurt am Main 1988): „Die Geschlechtlichkeit fordert die Hingabe des Individuums an den anderen, an das völlig Andere, Unbekannte, fordert die Preisgabe des Ich an ein Du – wenn sie nicht als die Betätigung der Geschlechtsteile missverstanden wird ... Angst und Ekel vor dem Geschlechtlichen entstehen auch aus dem individuellen Wunsch, einmalig bleiben zu wollen – als Zeichen gestörter Partnerschaft. Geschlechtlichkeit fordert die Aufgabe des Individuums zu gegenseitigem Bezug. Der geschlechtliche Mensch kann in dieser Welt nicht ausschließlich Individuum sein ... Der gesunde Mensch ist ein ständig neu und anders bezogenes Wesen."

Ein Individuum zu sein bedeutet nicht, solipistisch, also nur aus mir selbst heraus, zu existieren. Individualismus ist je schon Dualismus. Das Ich konstituiert sich im Du. Wir sind in einer Vielzahl von Bezügen vernetzt. Die Dornröschen-Frau kappt dagegen diese Beziehungsfäden. Auch die gefürchtete männliche „Spindel" ist so ein wichtiger und im positiven Falle vergnüglicher Beziehungsfaden. Die katholische Kirche mit Denkern wie Aristoteles, Thomas von

Aquin und Papst Benedikt XVI. sieht die „Substanz" der Sexualität in der Fortpflanzung und damit die aktive Verhütung als Sünde definiert. Psychologen und die moderne Philosophie setzen dagegen Kommunikation, Bindung, Treue, gemeinsame Lust und Zärtlichkeit an vorderste Stelle der Sexualität.

Ein vitaler Mensch wächst aus einem weit verzweigten Wurzelwerk. Wittgenstein: „Er ist, entsprechend seiner unterscheidbaren Bezogenheiten, teilbares Wesen, das als Kind, Sohn oder Tochter der Eltern, als Mann oder Frau, Ehepartner oder Vater und Mutter, Geschäftsmann, Deutscher, Katholik oder Evangelischer, Europäer oder Weltbürger lebt. Die Vorstellung von dem Menschen als einmaligem Individuum… ist zutreffend, wenn der Mensch als Kind gestorben ist und sich aus dem abhängigen Wesen zu einem selbstständigen Mann oder zu einem selbstständigen Weib entwickelt hat. Dieser Entwicklungsstufe folgt, auf der nächsten Stufe, die Vorstellung des Menschen als einem sozialen Wesen. Noch eine Stufe weiter bildet sich die Vorstellung des Menschen als einem dialogischen Wesen, des Menschen als

Paar." Und: „So mancher Jüngling kommt in der Dornenhecke um, die das Mädchen um sich errichtet hat und hinter der es, seine Kindheit bewahrend, schläft."

Silvia hat noch in der Therapie die drei Männer, mit denen sie befreundet gewesen war und die sie mit ihren Dornen verletzt hatte, schriftlich um Verzeihung gebeten. Sie reagierten alle drei nobel und erfreut. Besser noch: Der letzte Freund kam zurück. Es wurde, wie ich noch mitbekam, eine tiefe Liebe. Ob sie wetterfest geworden ist, weiß ich nicht. Aber eines spüre ich mit Gewissheit: Silvia ist liebesfähig geworden. Sie kann seitdem mit Hölderlins *Hyperion* sagen: „Ja! Eine Sonne ist der Mensch, allsehend, allsatt lehrend, wenn er liebt; liebt er nicht, so ist er eine dunkle Wohnung, wo ein rauchend Lämpchen brennt." Und: „Was ist alles, was in Jahrtausenden die Menschen taten und dachten, gegen einen Augenblick der Liebe? Es ist aber auch das Gelungenste, Göttlichschönste in der Natur! Dahin führen alle Stufen auf der Schwelle des Lebens. Daher kommen wir, dahin gehen wir."

Erwachen: Ein Prinz allein tut es nicht

*Und es kam der Tag,
da das Risiko, in der Knospe zu
verharren,
schmerzlicher wurde,
als das Risiko zu blühen.*

Anais Nin,
Frauen verändern die Welt

Eigentlich geht es bei allen Märchen immer nur um das Eine: den komplizierten Prozess der Ichwerdung. Marie-Louise von Franz, bekannte jungianische Psychoanalytikerin, schrieb in ihrem Buch *Psychologische Märcheninterpretationen. Eine Einführung* (München 1989): „Nachdem ich jahrelang auf diesem Gebiet gearbeitet habe, bin ich zu dem Schluss gekommen, dass alle Märchen danach streben, ein und dieselbe psychische Tatsache zu beschreiben, eine Tatsache aber, die so komplex und weitreichend und für uns in all ihren verschiedenen As-

pekten so schwer zu erkennen ist, dass es Hunderte von Märchen und Tausende von Wiederholungen braucht, bis diese unbekannte Tatsache dem Bewusstsein vermittelt ist, und selbst dann ist das Thema nie erschöpft. Diese unbekannte Tatsache nennt Jung das Selbst."

Dieses Selbst ist bei der Dornröschen-Frau verkümmert. Auch wenn sie in einer Beziehung lebt, ist sie innerlich einsam. Für sie könnte das Wort des Alten Testamentes (*Kohelet 4/11*) gelten: „Wenn zwei zusammen schlafen, wärmt einer den anderen; einer allein – wie soll er warm werden?" Und doch wird so eine dornenhafte Frau gesehen. Männer nehmen ihre Schönheit wahr. Im Märchen heißt es: „Es ging aber die Sage in dem Land von dem schönen schlafenden Dornröschen, denn so ward die Königstochter genannt, also dass von Zeit zu Zeit Königssöhne kamen und durch die Hecke in das Schloss dringen wollten. Es war ihnen aber nicht möglich, denn die Dornen, als hätten sie Hände, hielten sie fest zusammen, und die Jünglinge blieben darin hängen, konnten sich nicht wieder losmachen und starben eines jämmerlichen Todes."

Genau diesen „jämmerlichen Tod" erlebten, wie wir sahen, die drei braven Freunde von Silvia. An solchen Dornröschen-Frauen verbluten Männer seelisch. Ihre Angstabwehr und Angststarre ist sozusagen tödlich für den Mann. Während jedoch das schöne Schneewittchen in seinem gläsernen Sarg für alle potenziellen Interessenten frei zu besichtigen ist, schimmert das Dornröschen meist nur schemenhaft durch die Dornenhecke hindurch. Man(n) muss sie suchen und finden – und vor allem aus der Dornenhecke heil herausbekommen. Das schwer durchdringbare Rankenwerk besteht ja, wie wir wissen, aus der väterlichen Überbehütung, Sexualangst, der Dulderrolle der Mutter und der seelischen Emigration und Schlafstarre Dornröschens selbst. Kann ein Mann diesen gewaltigen Liebesakt der Befreiung überhaupt leisten? Kann der Kuss des rettenden Prinzen eine Dornröschen-Frau wirklich erlösen?

Zweifellos ist die Liebe ein Lebenselixier der wundersamsten Art, die sozusagen Tote zum Leben zu erwecken vermag. Der „Richtige", nämlich der reife Mann, könnte die schlafende Schöne behutsam aufwecken, die Angst aus ihr herauslieben und die Gekränkte so durch Worte und Tat trösten, dass sie ihre Dornen verliert. Er könnte ihr immer wieder zu verstehen geben: „Was geschehen ist, ist Vergangenheit. Du brauchst keine Angst mehr zu haben. Kein Mann wird dich je wieder verletzen dürfen. Ich werde dich beschützen. Aber viel größer ist der Schutz und die Tapferkeit, die du selbst gewinnen und für dein Heil einsetzen kannst."

Den lösenden – nicht erlösenden – Prinzen und die lösende – nicht erlösende – Prinzessin gibt es nicht nur im Märchen. Sie sind Wirklichkeit. Wer von uns hat nicht schon erlebt, dass ihn die Liebe wieder lebensfähig, libellenleicht und hoffnungsvoll gemacht hat. In der Liebe eines Menschen schmilzt der Frost unserer Seele wie der Schnee im Frühling. Alles in uns will Sommer und Sonne werden. Unsere Hände und Füße werden wieder weich wie die eines Kätzchens. Wir werden albern, verspielt, zärtlich. Die Liebe wandelt uns.

In diesem Sinn ist das Märchen *Dornröschen* ein großartiges Plädoyer für die Liebe. *Amor vincit omnia, die Liebe besiegt alles*, sagte bereits der römische Dichter Vergil (70–19 v. Chr.). Sie überwindet die schreckendsten Dornenhecken und lässt deren Rosen blühen. Der „Prinz" muss allerdings liebesfähig sein. Außerdem muss er das erwischen, was die Griechen den *kairos*, den *richtigen Zeitpunkt*, nannten. Sonst ist alle Liebesmühe vergebens.

Das führt uns zum wichtigeren Geheimnis der Erlösung Dornröschens. C. G. Jung hat uns gelehrt, die Personen eines Märchens wie die eines Traumes objektiv und subjektal zu deuten. Das Letztere heißt, eine auftretende Person – wie hier den erfolgreichen Prinzen – als subjektiven, inneren Anteil der Heldin selbst zu verstehen. Genauso dürfte es hier sein. Dornröschen darf nicht einfach nur abwarten, bis so ein Prinz, möglicherweise mit einem Rettersyndrom, auf der Bühne des Lebens erscheint und machtvoll alles Bedrängende mit seinem Schwert aus ihrem Leben räumt: Sie selbst muss aktiv werden. Der Prinz wäre so gesehen ihr eigener männlicher Anteil, der *animus* (C. G. Jung), ihre eigene kämpferische Seele. Diesen *animus* muss sie mobilisieren und sich selbst mit der eigenen Hand aus dem Sumpf ihres „bequemen Elends" herausziehen.

Die Dornröschen-Frau könnte dabei von der Blaubart-Frau, ihrer Leidensgefährtin im Geiste, lernen, wie man das macht. Als Blaubart sie, nachdem sie die Tür zur geheimen Kammer mit den „Leichen" seiner früheren Frauen geöffnet hat, köpfen will, das heißt seelisch tot machen will, da mobilisiert sie, in der symbolischen Gestalt ihrer drei wehrhaften Brüder, die eigenen männlich-kämpferischen Kräfte und streckt den Unhold nieder. Die Dornröschen-Frau muss sozusagen das Dornröschen in sich töten, um Rose zu werden. Ein Prinz allein tut es nicht.

Erlösung ist zuallererst Selbsterlösung. Die Frau kann sich dabei, wie Dornröschen, von einem „Prinzen" helfen lassen, aber die Hauptarbeit hat sie selbst zu leisten. Sie beginnt die Seelenarbeit, die oft böse schmerzt und die doch am Ende so befreiend ist. Josef Reding hat diese Notwendigkeit des weiblichen Befreiungsschlags in einem ruppigen Gedicht geformt:

Es kommt kein Prinz, der dich erlöst,
wenn du die Jahre blöd verdöst,
wenn du den Verstand nicht übst
das Denken stets auf morgen schiebst.

Es kommt kein Prinz, der dich umfängt,
von nun an deine Schritte lenkt.
Befrei dich selbst vom Dauerschlaf,
sonst bleibst du nur ein armes Schaf.

Es kommt kein Prinz mit einem Kuss,
macht nicht mit deinen Sorgen Schluss;
es bringt dich auch kein Königssohn
vom Kochtopf auf den Herrscherthron.

Du kannst dir selbst dein Leben bauen,
musst allen deinen Kräften trauen.
Mach noch heute den Versuch
und pfeif auf den Prinzen im Märchenbuch!

Die Dornröschen-Frau muss um ihr Leben strampeln. Zum ersten Mal muss sie ihre Fassade ablegen, sich seelisch nackt zeigen, sich in ihrer Bedürftigkeit, aber auch in ihrem verborgenem Glanz von einem Mann ansehen lassen.

Bei Cornelia, von der wir im vorigen Kapitel hörten, war es der Arzt und Therapeut in der Hirsenmühle, Rainer Kildau. Cornelia erinnert sich: „Rainer hat mir in dem Workshop wortlos zu verstehen gegeben, dass meine Schutzhülle mich – zumindest vor ihm – nicht wirklich schützt. Er konnte durch sie ‚hindurchschauen'. Sie war für mich nutzlos geworden, nutzlos wie ein Kropf! Er war der erste Mensch in meinem Leben, der mich wirklich gesehen, wahrgenommen und ehrliches Interesse an mir hatte, der wissen wollte, wie es mir in meinem Inneren ging. Das war ungewohnt und machte mir erst einmal Angst, bis ich merkte, dass von ihm keine Gefahr ausging. Auch wurde mir klar, wie sehr ich meinen Mann liebe, was ich auch nie wirklich gefühlt habe. Ich habe nicht mehr als drei Mal in unserer langen Beziehung zu ihm gesagt, dass ich ihn liebe! Mir war klar, dass ich abnehmen muss, damit er mich auch lieben kann.

Allein die körperliche Nähe dieses therapeutischen Wochenendes war für mich eine gewaltige Erfahrung. Zärtlichkeit und körperliche Nähe gab es in unserer Ehe nur im Zusammenhang mit Sexualität. Es war immer Mittel zum

Zweck. Wie schön waren die vielen Umarmungen! Als ich das erst einmal zulassen konnte, war ich richtig süchtig danach, ich konnte nicht genug bekommen. Egal ob Mann oder Frau, ich ließ mich von allen in die Arme nehmen. Für die Verabschiedung am Ende des Workshops brauchten wir eineinhalb Stunden! Ich kam seelisch satt, ja regelrecht vollgefressen nach Hause. Als Erstes führte ich das abendliche Kuscheln ein. Es dauerte eine Weile, dann war es selbstverständlich, dass einer zum anderen ins Bett kroch. Mittlerweile schlafen wir einen Teil der Nacht in einem Bett, bis es uns zu warm wird."

Ende gut, alles gut? Noch lange nicht. Cornelia erinnert sich an die Turbulenzen danach: „Nach diesem Wochenende war mein Appetit auf ein Minimum geschrumpft." Sie aß über lange Zeit nur Gemüsesuppe. Sie erinnert sich: „Aber mir ging es ja sooo gut. Etwa vier Wochen lang war ich auf einem emotionalen Höhenflug. Ich fühlte mich wie unter Drogen, brauchte nur etwa vier Stunden Schlaf pro Nacht, meist noch durch eine mehrstündige Wachphase unterbrochen, in der ich zum ersten Mal in meinem Leben über *mich* und *meine* Wünsche und Vorstellungen nachdachte. Und ich hatte Kraft, ich hätte Bäume ausreißen können!

Danach ging es erst einmal steil bergab. Ich bekam – das weiß ich heute – eine ordentliche Depression. Damals erkannte ich es nicht, ich wusste nur, dass es mir schrecklich ging, dass ich am liebsten den ganzen Tag geweint hätte, doch ich konnte es nicht allein. Ich hätte jemanden gebraucht. Gott sei Dank habe ich in der Hirsenmühle eine junge Frau kennen gelernt, die gleichzeitig mit mir begonnen hat, sich auf den Weg in ihr Innerstes zu machen. Wir telefonierten und trafen uns regelmäßig und halfen uns gegenseitig über diese schwere Zeit hinweg. Was ich beim ersten Besuch in der Mühle niemals gedacht hätte, ich sehnte mich wieder nach einem Workshop. Im Januar, viereinhalb Monate nach dem ersten, war ich wieder dort. Bis zu dieser Zeit hatte ich bereits zwanzig Kilo abgenommen. Rainer war sehr erstaunt über meine Veränderung.

Ich war nicht nur schlanker, sondern auch ruhiger geworden. Meine Sprache hatte sich verändert, ich attackierte niemanden mehr. Ich war leiser, weicher, weiblicher geworden. Mein Verhältnis zu Männern hatte sich bereits während des ersten Workshops radikal geändert, ich nahm sie nicht mehr als Rivalen oder Feinde wahr, sondern als gleichberechtigte Menschen, die mich nicht angreifen wollten."

Der Abriss ihrer Dornenhecke macht Cornelia zunächst schutzlos und fröstelig: „Nicht nur, dass ich damals ständig fror (ich bin vom Kachelofen zur Frostbeule mutiert), ich vermisste auch meinen seelischen Schutzwall. Ich war verletzlich geworden wie noch nie zuvor. Alle meine Abwehrmechanismen funktionierten nicht mehr. Ich hatte keine anderen zur Verfügung. Ich fühlte mich oft wie ein kleines Kind, schutz- und hilflos, regelrecht nackt und wartete ständig auf Angriffe meiner Mitmenschen. Meine ganze Welt war durcheinander geraten, ich kannte mich in meinem Leben nicht mehr aus."

Die Selbstannahme und das kleine Wörtchen „Nein" lernt Cornelia Schritt um Schritt. Sie ist jetzt zwar, wovon ich mich erfreut selbst überzeugen konnte, eine schlanke und schöne Frau. Trotzdem hat sie mit dem Essen noch Schwierigkeiten: „Mein Essverhalten spiegelt auch heute noch meinen inneren Zustand wider. Immer wenn es mir nicht gut geht, fange ich wieder an zu futtern. Ich esse dann viel zu schnell (wie wenn ich Angst hätte, jemand nimmt mir etwas weg), zu süß und viel zu viel. Ich brauche immer etwas Zeit, bis ich es bemerke, aber es geht immer schneller, bis ich es registriere.

Auch mein sonstiges Essverhalten hat sich geändert. Da meine beste Freundin Vegetarierin und Vollwertköstlerin ist, hat sie schon mächtig ‚abgefärbt'. Ich gehe da in meinem eigenen Tempo meinen Weg, aber sie zeigt mir immer wieder – ohne Druck auszuüben –, wie gut gesundes Essen schmecken kann. Wenn es mir gut geht und ich mich gut spüre, schaffe ich es immer öfter, genau dann mit dem Essen aufzuhören, wenn ich satt bin. Etwas auf dem Teller liegen zu lassen war früher unmöglich (‚Was auf dem Teller ist, wird aufgegessen!'). Ich mache mir oft mein Frischkornmüsli und habe festgestellt, dass es sehr lange satt macht und gleichzeitig meinen Hunger auf Süßes stillt. So kann ich beim Bäcker vorbeigehen, ohne mich verführen zu lassen oder mich kasteien zu müssen."

Als Hebamme hat Cornelia Tiefe gewonnen: „Auch die Arbeit mit ‚meinen Frauen' hat sich gewandelt. Ich höre jetzt ganz anders zu, frage gezielter nach, sehe und spüre mehr, bemerke ihre Probleme oft vor ihnen, mache sie auf ihre manchmal selbstzerstörerischen Einstellungen aufmerksam, zeige ihnen auch ihre Stärken und Erfolge und begleite sie viel intensiver. Oft öffnen sich die Frauen mir in kurzer Zeit, manchmal weinen sie auch, erzählen mir ihren Kummer, ihre Not. Ich lasse sie reden und weinen und höre ihnen zu. Ich habe auch gelernt, ihre Sorgen und Probleme bei ihnen zu lassen. Ich kann ihnen zwar beistehen, eventuell raten, aber abnehmen kann ich sie ihnen nicht."

Die Realistin Cornelia weiß, dass sie und ihr Mann noch einen Weg vor sich haben. Sie reflektiert genau: „Aber es war und ist nicht immer alles nur einfach. Ich bin jetzt seit knapp neunundzwanzig Jahren verheiratet, und meinem Mann hat meine körperliche Veränderung sehr gut gefallen. Als ich dann aber depressiv wurde, verletzlich und dadurch für ihn unberechenbar, zog er sich aus Angst in sich zurück und ich zog mich in mich zurück. Jeder brütete in seiner Ecke und schwieg und wartete auf den ersten Schritt des anderen. Wir stürzten in eine massive Ehekrise. Aber langsam hatte ich gelernt, dass und wo ich mir beziehungsweise uns Hilfe holen konnte. Wir waren einige Male zusammen bei dem Therapeuten Rainer. Das hat uns gut getan.

Auch mein Mann begann ganz langsam, sich einen Teil seiner Geschichte anzusehen, seine Verletzungen wahrzunehmen und seine ‚Panzerung' aufzuweichen. Einen Ehemann, mit dem ich nur oberflächliche Gespräche führen kann, der sich selbst nicht wahr- und ernst nimmt, kann ich mir heute nicht mehr vorstellen. Die Krise ist noch lange nicht vorbei, wir sind schon ein gutes Stück des Weges gegangen und werden noch viel an uns arbeiten müssen. Wie die Geschichte ausgeht, ist immer noch offen."

Cornelia zieht den Schluss: „Leute, die mich von früher kennen, sind nicht nur über die Veränderung meiner Figur überrascht, sondern auch über die Verwandlung meines Wesens. Ich werde immer weiblicher – innerlich und äußerlich – und genieße es sehr. Alles in allem fühle ich mich als Frau sehr wohl. Ich habe viel von anderen Frauen in den Gruppen und auch von meiner erwachsenen Tochter gelernt. Ich bin allen sehr dankbar, dass sie mir ein Vorbild waren und noch sind."

Nicht jedem Menschen ist es gegeben, eine Persönlichkeit zu werden. Viele werden als Original geboren und sterben als Kopie. Wer die Kämpfe mit sich selbst führt, der lernt, auch zu den dunklen Seiten seines Lebens Ja zu sagen. Der erwacht in die schöne und tragische Wirklichkeit des Menschendaseins hinein.

Frauen die das gekränkte, oft aber auch masochistisch leidende Dornröschen wie eine alte Schlangenhaut abgestreift haben, werden unbequem. Sie kommen in Konflikt mit dem Durchschnitt, mit dem Hergebrachten und Konventionellen. Sie erleben aber auch den Glanz ihrer mutigen Individualisierung. Wie Dornröschen realisieren sie jetzt eine egalitäre und kraftvolle Paarbeziehung, anders als die Angst- und Notkoalition der so wenig königlichen Eltern. Sie finden einen Prinzen, das heißt einen souveränen Mann. Sie entdecken den Sinn des Lebens in der Liebe. Je mehr sie zu lieben und sich hinzugeben fähig sind, desto sinnstiftender wird ihr Leben.

Wir leben, um zu lieben. Jede Dornröschen-Frau kann sich, wie Cornelia, gegen alle Kränkungen des Lebens von der Raupe zur Puppe wandeln und als Schmetterling ausschlüpfen. Sie darf sich der tiefen Dimension weiblicher Sexualität öffnen und wieder lebendig wie ein Kind werden. Wenn sie dazu noch ihre konstruktive Aggressivität und Durchsetzungsfähigkeit entdeckt und mit ihr umzugehen lernt, dann wird sie wie Dornröschen die Augen öffnen. Sie erwacht und blickt die Welt und den Mann freundlich an.

Das ist das glückliche Ende: Der Braten brutzelt. Die Hochzeit kann gefeiert werden. Das Vergnügen steht an – das Leben beginnt!

Ein Verlag, ein Haus, eine Philosophie.

Millionen Bundesbürger kennen den kämpferischen Ganzheitsarzt Dr. Max Otto Bruker (1909–2001) aus dem Fernsehen, aus Vorträgen, durch den „Mundfunk" überzeugter Patienten. Vor allem lesen sie aber die rund 30 Bücher des schwäbischen Humanisten und Seelenarztes. Mit einer Gesamtauflage von über drei Millionen Exemplaren ist Max Otto Bruker der wohl bedeutendste medizinische Erfolgsautor im deutschsprachigen Raum. Der – in der Nachfolge des Schweizer Reformarztes Bircher-Benner scherzhaft „Deutschlands Vollwertpapst" genannte – Massenaufklärer, langjährige Klinikchef und Ernährungsspezialist lehrt zwei fundamentale Erkenntnisse Patienten wie Gesunden: Der Mensch wird krank, weil er sich falsch ernährt. Der Mensch wird krank, weil er falsch lebt.

Hinter den Erfolgstiteln des emu-Verlages steht ein bedeutender Forscher und Arzt, eine Bewegung, ein Haus und tausende Schülerinnen und Schüler. 1994 wurde das „Dr.-Max-Otto-Bruker-Haus", das Zentrum für Gesundheit und ganzheitliche Lebensweise, auf der Lahnhöhe in Lahnstein bei Koblenz bezogen. Es stellt die äußere Krönung des Brukerschen Lebenswerkes dar: Der lichte Bau mit seinem Grasdach, den Sonnenkollektoren und den Wasserrecyclinganlagen, seinen Seminarräumen, dem Foyer mit der Glaskuppel und dem liebevollen Biogarten ist als Treffpunkt für all jene konzipiert, denen körperliche und seelische Gesundheit, ökologische und spirituelle Harmonie Herzensbedürfnis und Sehnsucht sind.

Hinter dem eleganten Halbmondkorpus mit dem markanten Grasdach verbirgt sich eine Begegnungsstätte für Gesundheitsbewusste, Seminarteilnehmer, Trost-, Ruhe- und Anregungsbedürftige.

Das Dr.-Max-Otto-Bruker-Haus

Feste Termine:

Jeden Dienstag, 18.30 Uhr: Vortrag Dr. phil. Mathias Jung (Lebenshilfe und Philosophie)
Jeden Mittwoch, 10.30 Uhr: Fragestunde mit Dr. med. Birmanns (Ärztlicher Rat aus ganzheitlicher Sicht)

**Ausbildung Gesundheitsberater/in GGB
Lebensberatung/Frauen-, Männer- und Paargruppen**

Die vitalstoffreiche Vollwertkost hat ihre Verbreitung, auch im klinischen Bereich, durch die unermüdliche Information und praktische Durchführung von Dr. M. O. Bruker gefunden. Um die Erkenntnisse gesunder Lebensführung und die durch falsche Ernährung provozierte Krankheitslawine ins öffentliche Bewusstsein zu rücken, bildet die von ihm 1978 gegründete „Gesellschaft für Gesundheitsberatung GGB e.V." Gesundheitsberaterinnen und Gesundheitsberater GGB aus. Über 4000 Frauen und Männer haben bislang die berufsbegleitende Ausbildung bestanden und wirken in Volkshochschulen, Bioläden, Lehrküchen, Krankenhäusern, ärztlichen Praxen, Krankenversicherungen und ähnlichen Bereichen.

Auf der Lahnhöhe erhalten sie durch das GGB-Expertenteam nicht nur eine sorgfältige Grundlagenausbildung über die vitalstoffreiche Vollwerternährung und den Krankmacher der „entnatürlichten" (denaturierten) Zivilisationsernährung (raffinierter Fabrikzucker, Auszugsmehle, fabrikatorische Öle und Fette, tierisches Eiweiß usw.), sondern gewinnen auch Einblick in die leibseelischen Zusammenhänge der Krankheiten.

Anfragen zur Gesundheitsberater-Ausbildung wie zu den Selbsterfahrungsgruppen, Lebensberatung, Paartherapie und Psychotherapie bei Dr. Mathias Jung und weiteren Tages- und Wochenendseminaren sowie Einzelberatung sind zu richten an die Gesellschaft für Gesundheitsberatung GGB e.V., Dr.-Max-Otto-Bruker-Str. 3, 56112 Lahnstein (Tel.: 02621/ 917010, 917017, 917018, Fax: 02621/917033).

Fordern Sie ebenfalls ein kostenloses Probe-Exemplar der Zeitschrift „Der Gesundheitsberater" an.

**Von Dr. Jung sind im emu-Verlag bisher in der
„blauen reihe" erschienen:**

Von Dr. Jung sind im emu-Verlag bisher in der „roten reihe" erschienen:

Von Dr. Jung sind im emu-Verlag bisher in der „gelben reihe" erschienen:

Von Dr. Jung sind im emu-Verlag bisher in der Sprechstunden-Reihe erschienen:

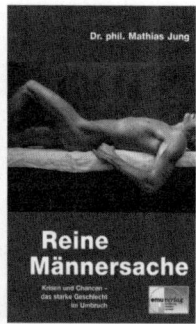

Von Dr. Jung sind im emu-Verlag bisher in der Sprechstunden-Reihe erschienen:

Von Dr. Jung sind in Zusammenarbeit mit Andrea Montermann (Illustrationen) folgende Titel erschienen:

Außerdem ist von Dr. Jung eine Bibelinterpretation nach Walther H. Lechler erhältlich:

Von Dr. Jung sind im emu-Verlag folgende Vorträge als Audiokassetten erschienen:

Lebensberatung

- Mein Charakter – mein Schicksal?
- Depression als Chance
- Das Verdrängte in unserer Seele
- Die Wunde der Ungeliebten
- Das Nein in der Liebe
- Was ist der Sinn des Lebens?
- Meine Sprache – meine Seele
- Söhne brauchen Väter
- Krankheit als Kränkung und Anpassung
- Eifersucht – ein Schicksalsschlag?
- Der Mann – ein emotionales Sparschwein
- Geschwisterliebe – Geschwisterrivalität
- Verlassen und verlassen werden
- Neurodermitis – Fehlernährter Körper – Aufgekratzte Seele
- Das sprachlose Paar
- Zweite Lebenshälfte
- Ein Zimmer für mich
- Mut zur Angst
- Lob der Einsamkeit
- Aggressionen unter Liebenden
- Mehr Zeit für mich
- Übergewicht – der Kampf mit dem eigenen Körper
- Alkoholkrank: Der Betroffene und seine Familie
- Meditation: Freude – Angst – Hoffnung
- Alter und Tod. Rätsel der Natur
- Verzeihen und Versöhnen
- Das Paar im Wandel: Jugend, Mitte, Alter
- Sexueller Missbrauch
- Seele – Sucht – Sehnsucht
- Organtransplantation – Sterben auf Bestellung?
- Bindungsangst. Die Strategie des Selbstboykotts

Märchen

- Der kleine Prinz – mein verschüttetes Ich
- Froschkönig – Glück und Zähneklappern der Liebe
- Das verletzte Kind in mir oder Hans mein Igel
- Sein und Schein oder Des Kaisers neue Kleider
- Schneewittchen oder Das Drama des Neides
- Siddharta: das Rätsel des Lebens
- Eisenhans oder Wie ein Mann ein Mann wird
- Dornröschen – Vom Erwachen zur Frau

- Das tapfere Schneiderlein oder Mut zum Leben
- Eigensinn oder Die Möwe Jonathan
- Elternablösung – Hänsel und Gretel
- Außenseiter – Das hässliche Entlein
- Befreiung der Weiblichkeit – Blaubart
- Tödliches Schweigen – Der Fischer und seine Frau

Philosophie

- Sokrates oder Die Norm meines Gewissens
- Seneca oder Die Freude des Augenblicks
- Augustinus oder Der Zwiespalt
- Giordano Bruno oder Die neue Welt
- Montaigne oder Das Leben als Meisterstück
- Descartes oder Der Januskopf der Wissenschaft
- Spinoza oder Das Abenteuer der Diesseitigkeit
- Hobbes oder Die Zähmung der Bestie Mensch
- Leibniz oder Die Beste aller Welten
- Voltaire oder Die Waffe des Geistes
- Kant oder Die Mündigkeit
- Hegel oder Der Fortschritt
- Feuerbach oder Die Sache mit Gott
- Marx oder Die Entfremdung des Menschen
- Schopenhauer oder Die Qual des Seins
- Nietzsche oder Die Hymne auf das Leben
- Heidegger oder Die Angst
- Jaspers oder Die Weltphilosophie
- Hannah Arendt oder Vom tätigen Leben
- Bloch oder Das Prinzip Hoffnung
- Popper oder Die offene Gesellschaft
- Sartre oder Die Freiheit

Literatur

- Lessing – Die Toleranz
- Wieland – Die Aufklärung
- Goethe – Dichtung und Wahrheit
- Schiller – Die Räuber
- Jean Paul: Humor und Menschenliebe
- Hölderlin – Griechenland mit der Seele suchen